——————————— 님의 소중한 미래를 위해

이 책을 드립니다.

몽테뉴의 수상록

인 간 에
대 한
위 대 한
통 찰

몽테뉴의 수상록

몽테뉴 지음 | 정영훈 엮음 | 안해린 옮김

메이트북스

메이트북스 우리는 책이 독자를 위한 것임을 잊지 않는다.
우리는 독자의 꿈을 사랑하고,
그 꿈이 실현될 수 있는 도구를 세상에 내놓는다.

몽테뉴의 수상록

초판 1쇄 발행 2019년 2월 15일 **|** **초판 13쇄 발행** 2025년 2월 1일
지은이 몽테뉴 **|** **엮은이** 정영훈 **|** **옮긴이** 안해린
펴낸곳 (주)원앤원콘텐츠그룹 **|** **펴낸이** 강현규·정영훈
등록번호 제301-2006-001호 **|** **등록일자** 2013년 5월 24일
주소 04607 서울시 중구 다산로 139 랜더스빌딩 5층 **|** **전화** (02)2234-7117
팩스 (02)2234-1086 **|** **홈페이지** www.matebooks.co.kr **|** **이메일** khg0109@hanmail.net
값 12,000원 **|** **ISBN** 979-11-6002-211-7 03100

이 도서의 국립중앙도서관 출판시도서목록(CIP)은 e-CIP홈페이지(http://www.nl.go.kr/ecip)에서
이용하실 수 있습니다.(CIP제어번호 : CIP2019003663)

세계에서 가장 위대한 것은
나답게 되는 법을 아는 것이다.

• 몽테뉴 •

이 책의 소재는
바로 저 자신입니다!

　　독자 여러분, 이 책은 순수한 의도로 쓰였습니다. 지극히 사적인 목적 외에 다른 어떠한 의도도 없습니다. 독자를 위한다거나, 스스로 명성을 얻고자 쓴다는 생각은 전혀 하지 않았습니다. 저는 그런 글을 쓸 만한 사람도 아닙니다.

　　제가 이 책을 쓴 것은 오로지 제 가족과 친구들을 위해서입니다. 제가 그들의 곁을 떠났을 때(곧 그렇게 되겠지요), 이 글을 보면서 제 사상과 성격의 흔적들을 더듬어본 그들이 저에 대한 기억을 명확하고 선명하게 떠올리기를 바랍니다.

　　만약 세상의 인기를 얻고자 했다면 용의주도하게 저를 더 미화했을 것입니다. 그러니 이 글을 읽을 때는 그저 편안하고 꾸밈없는, 단순하고 자연스러운 평상시의 제 모습을 봐주시기 바랍니다. 이 책은 있는 그대로의 제 모습을 표현한 것이니까요.

대중에게 보여줄 수 있는 범위 내에서 저의 단점과 꾸밈없는 형상을 생생하게 드러내고자 했습니다. 만약 제가 자연의 원초적 법칙을 따르는, 달콤한 자유를 지향하는 국가의 국민이었다면 단언컨대 기꺼이 모든 것을 벌거벗은 모습 그대로 묘사했겠지요.

독자 여러분, 이렇듯 이 책의 소재는 바로 저 자신입니다. 그러니까 이렇게 하찮고 쓸데없는 책으로 소일하지 않으셔도 됩니다.

그럼 이만.

1580년 3월 1일

몽테뉴

인간의 삶과 죽음에 대한
몽테뉴의 위대한 고찰

이 책에 늙음과 죽음, 삶, 자기성찰, 고독, 명예, 학문 등 우리 인간의 삶에 대한 몽테뉴 Montaigne 의 고찰을 담았습니다. "이것이 정답이다."라고 할 수는 없겠지만 그의 고찰은 우리에게 충분히 많은 사유와 물음을 던져줍니다. 매순간 숨 쉬는 공기와 같이 우리 가까이에 녹아 있으나 우리가 정당한 숙고나 주의를 기울이지 않는 주제들이지요. 생각한다 하더라도 몽테뉴가 고민한 심도까지 파고드는 경우는 드물지 않을까 합니다. 그러나 우리 삶에 대한 고민은 한 번쯤 해볼 만하고, 그 고민을 통해 깨달음을 얻음직한 이야기들이 이 책에는 많이 있습니다.

가볍지는 않지만 결코 과하지 않은 무게감으로 몽테뉴는 '어떻게 살 것인가'에 대한 본인의 견해를 자신 있고 담담하게 풀어냈습니다. 그의 사상은 주관적이면서도 보편적이며 날카로우면서도 편협하지 않습니다. 그 중에서도 주요한 본문들을 엮어 읽노라면 나의 판단이 바른지, 내가 지금 제대로 살고 있는지, 앞으로 어떻게 살아야 하는지 등을 수없이 자문하게 됩니다. 원초적인 동시에 삶의 골자가 되는 사유를 함으로써 의식을 환기하고 스스로를 성찰하며 인생의 전반에 대해 배우는 계기가 됩니다.

이 책이 초반에는 다소 난해하게 느껴질지도 모릅니다. 하지만 글의 흐름을 따라가다보면 몽테뉴의 자유로움과 명철함에 몇 번이고 고개가 절로 끄덕여지며 감탄이 새어나옵니다. 그리고 그의 사상에 비추어 자신을 돌아보게 됩니다. 몽테뉴의 깊이를 이해하고 간파할수록 더욱 그와 공감하고 그의 사상을 깨닫는 쾌감을 느낄 수 있지요.

몽테뉴의 주옥같은 명문名文을 놓치지 않았으면 하는 바람으로, 최대한 저자의 정신을 간직하고 의도를 속속들이 전달하되 쉽게 이해하고 납득할 수 있도록 옮겨 적고자 노력했습니다. 인생에 얼마나 많은 곡절과 부침이 있어야, 그리고 얼마나 많은 생각과 고뇌가 있어야, 이런 주견을 이토록 자신 있고 담담하게 풀어낼 수 있을까요. 저세상에서 혹시 몽테뉴를 만나게 된다면 그의 발치에 앉아 듣고 싶은 얘기도, 하고 싶은 질문도 참 많을 것 같습니다.

Contents

1 | 늙음과 죽음을 기꺼이 받아들인다

2 지금 이 순간을
온전히 즐긴다

3 진짜 나답게
되는 법을 안다

4 나 자신을
늘 경계하고 성찰한다

5 | 지식을 얻되 나의 것으로 만들라

1장

늙음과
죽음을
기꺼이
받아들인다

1

죽음이라는 단어를 들어도
겁먹지 않는다

사람들은 죽음이라는 단어를 듣는 것만으로도 겁을 먹고, 대부분 그 단어가 마치 악마라도 되는 듯 성호를 긋는다. 유언을 하기 위해서는 죽음을 언급해야 하므로 의사가 최후선고를 해야만 유언장을 쓰기 시작한다. 그런 고통과 두려움 속에서 얼마나 올바른 판단을 할 수 있을지는 신만이 안다.

로마인들은 죽음이라는 말이 너무도 잔인하고 거슬린다는 이유로 이를 부드럽게 돌려 말하기 시작했다. "죽었습니다."라는 말 대신 "삶을 마쳤습니다." 혹은 "생을 살았으나 이제 지나갔습니다."라고 말함으로써 서로를 위로했다.

1533년 2월 마지막 날 태어난 나는 현재 39살이 된 지 보름밖에 지나지 않았지만 죽음을 생각하기에는 여전히 그만큼의 시간이 더 필요하다. 그러나 그렇게나 먼 죽음의 일을 생각하느라 현재를 방해받는 것은 어리석은 짓이다. 결국 젊은이나 늙은이 모두 같은 조건에서 삶을 마치게 되니 말이다.

그대의 삶의 시한은 누가 정하는가? 타인의 이야기에 근거를 두지 말고 차라리 자기 삶의 실상을 보아라.

여러 가지 일들을 통해 그대는 오래 전부터 특혜를 받고 살아왔다. 그대는 일반적인 삶의 시일을 넘겨 살았다. 그대가 아는 사람들 중에 그대의 나이에 이르지도 못하고 일찍 죽은 사람의 수를 헤아려보면 알 수 있다. 또한 명성을 얻어 기품 있는 삶을 산 이들의 목록을 만들어보면 35세 이후에 죽은 사람보다 그 이전에 죽은 사람이 많을 것이다. 나는 여기에 내기도 걸 수 있다. 인간으로서의 예수 그리스도는 뭇사람들의 귀감이 되기에 이성과 신앙심이 충분했지만 33살에 생을 마감했다. 위

대하다 칭송받는 알렉산드로스 역시 같은 나이에 죽었다. 죽음
이 우리를 놀라게 하는 방법은 몇 가지나 있는 걸까?

"인간이 제아무리 신중을 기한다고 한들 매 시각 그들을 위
협하는 위험에 충분히 대비할 수는 없다."

2

담담하고 평온하게
죽음을 받아들인다

마지막 죽음의 순간에 이르면 우리는 더이상의 가식 없이 항아리 밑바닥에 감추어두었던 모든 진심을 털어놓을 수밖에 없다.

"마침내 진실한 말들이 마음 깊숙한 곳에서 터져 나온다. 가면이 벗겨지고 사람이 남는다."

그렇기 때문에 우리는 생애 마지막 날에 우리 삶의 모든 행위들을 따져보고 가늠해봐야 한다. 그날은 모든 날들의 수장이요 심판자다. 자신의 모든 지난날들을 판단해줄 것이라고 고대인들이 말하던 바로 그 날이다. 내 연구의 결과인 이 글들도 죽음이 판단할 것이다. 내 말들이 내 입에서 나왔는지 가슴에서 나왔는지 그때야 비로소 알게 될 것이다.

다른 이의 삶을 평가할 때 나는 그가 마지막 순간에 어떻게 반응했는지를 본다. 내 삶의 평가 기준 또한 내가 담담하고 평온하게 죽음을 받아들였는지가 될 것이다.

3

모든 곳에서
죽음을 기꺼이 기다린다

　매 순간 다가오는 죽음의 모든 모습을 상상해보자. 말이 발을 헛디딜 때, 기와가 떨어질 때, 아주 작은 핀에 찔렸을 때, 즉시 "그래, 이것이 바로 죽음의 모습일 수도 있었어." 하고 되새기자. 그리고 마음을 단단히 먹고 힘쓰자. 축제와 환희의 순간에도 언제나 이 구절을 떠올리며 우리의 처지를 기억함으로써 즐거움에 너무 빠져들지 않도록 하자. 가끔 우리는 이 구절을 떠올리지 못해 쾌락에 빠지곤 한다. 이로써 죽음의 표적이 되고 위협을 받는 경우가 얼마나 많은지. 그래서 이집트인들은 연회와 같은 큰 잔치 도중에 망자의 마른 해골을 가져와 사람들에게 경고를 주곤 했다.

　"매일이 그대에게 주어진 마지막 날이라고 생각하라. 그러면 그 시간이 더 바랄 것 없이 유쾌하게 느껴질 것이다."

죽음이 어디에서 우리를 기다리고 있는지는 알 수 없다. 그러니 모든 곳에서 죽음을 기다리자. 죽음에 대해 미리 생각하는 것은 곧 자유에 대해 미리 생각하는 것이다. 죽는 법을 깨우치고 나면 반대로 죽음에 속절없이 당할 거라는 두려움을 잊게 된다. 죽음이 뭔지를 알면 모든 굴복과 속박에서 벗어날 수 있다. 삶을 박탈당하는 것이 해악이 아님을 깨닫고 나면 삶에 해로운 것이 하나도 없게 된다.

4

삶을 사는 동시에
죽음을 산다

"이 세상에 들어갈 때처럼 나오라. 죽음에서 삶으로 두려움 없이 들어갔던 그 길이 삶에서 죽음으로 나오는 길이다."

당신의 죽음은 만유萬有 질서의 한 조각이자 세계의 생의 한 조각이다.

"주자가 횃불을 넘겨주듯 사람들은 서로 생명을 내준다."

이처럼 아름다운 자연의 원리를 어찌 그대를 위해 바꾸겠는가? 그대는 이같이 아름다운 원리를 통해 창조되었으며 죽음은 그대의 일부다. 죽음에서 도망하는 것은 곧 자신에게서 도망하는 것이다. 지금 누리는 그대의 존재 역시 죽음과 삶에 동시에 속해 있다. 태어난 첫날부터 그대는 삶을 사는 동시에 죽음을 사는 것이다.

그대의 삶의 시한은 누가 정하는가?
타인의 말에 근거를 두지 말고 차라리 자신의 삶의 실상을 보아라.

5

죽음이 갑자기 닥쳐도
전혀 놀랄 것이 없다

나만큼 자기 삶을 불신하고 삶의 길이를 얕잡아보는 사람도 없다. 지금껏 거의 아픈 적 없이 원기 왕성하게 건강을 누려왔지만, 그렇다고 삶에 대한 기대가 늘어나지는 않았다. 그렇지만 병들었다고 해서 그 기대가 줄어들지도 않았다. 매순간 나는 죽음에서 도망하는 느낌이다. 그래서 나는 "다른 날 할 수 있는 일은 오늘도 할 수 있는 일이다."라는 말을 끊임없이 되새긴다.

우리를 종말로 이끌고 가는 것은 사실 특별한 위험도 우발도 아니다. 굳이 위협적인 사건을 겪을 때가 아니더라도, 종말은 우리가 건강하든 그렇지 않든, 바다에 있든 집에 있든, 전쟁중이든 평안할 때든, 언제나 동일하게 우리 가까이에 있다.

"사람은 모두 불안정하기 때문에 그 누구도 내일을 확신할 수 없다."

단 한 시간이 걸리는 일이라도 그것이 내가 죽기 전에 마쳐야 하는 일이라면, 아무리 짬을 내도 시간이 부족하다는 생각이 든다. 언젠가 어떤 이가 내 수첩을 뒤적이다 내가 써놓은 '죽은 이후에 이루어졌으면 하는 일'의 목록을 본 적이 있다. 나는 집에서 10리밖에 떨어지지 않은 곳에 있었지만, 집까지 무사히 도착할 수 있다는 보장이 없었으므로 건강하고 활기가 있을 때 그것을 적고자 서둘렀노라고 그에게 사실대로 말해주었다.

　이렇듯 나는 내 생각들을 지속적으로 품고 스스로에게 새겨 넣기 때문에 언제나 다음에 일어날 일에 대해 준비가 되어 있다. 그래서 죽음이 갑자기 닥치더라도 놀랄 일이 전혀 없다. 우리는 언제든 자신의 모습 그대로 떠날 수 있도록 신을 신고 채비해야 한다.

6

오래 살건 잠시 살건
죽음 앞에서는 매한가지다

우리가 태어날 때 다른 모든 것들이 생겨나듯이, 우리가 죽을 때 다른 모든 것들도 소멸된다. 우리가 100년 후에 존재하지 못한다고 한탄하는 것은 우리가 100년 전에 존재하지 못했다고 비탄하는 것만큼이나 어불성설이다. 죽음은 또 다른 생명을 낳는다. 그렇기에 우리도 울면서 태어났고, 삶을 살기 위해 그만큼의 값을 치렀으며, 그렇게 옛 장막을 벗겨냈다. 단 한 번 겪을 뿐인 일이라면 그처럼 고통스럽지도 않다. 금방 지나갈 일로 그렇게나 오래도록 염려하는 것이 가당한가?

오래 살건 잠시 살건 죽음 앞에서는 매한가지다. 사라지고 난 후에는 길고 짧음이 아무런 의미가 없기 때문이다. 아리스토텔레스가 한 이야기를 들어보자. 히파니스 강(쿠반 강의 옛 이름-역자)에는 단 하루를 사는 작은 벌레가 있다고 한다. 아침 8시에 죽으면 요절한 것이고, 저녁 5시에 죽으면 장수한 셈이다. 이렇게

나 짧은 생애를 놓고 행복과 불행을 따진다면 우리 중에 비웃지 않을 사람이 누가 있겠는가? 우리네 길고 짧음도 영원이나 자연, 어떤 동물들의 시간에 대보면 가소롭긴 마찬가지다.

7

자기의 시간을 다하지 않고
죽는 이는 없다

무無보다 더 적은 것이 있다면, 그것은 바로 죽음에 대한 염려다. 그대가 죽었든 살았든, 죽음은 우리와 아무런 상관이 없다. 살았다면 그대가 존재하기 때문에, 죽었다면 그대가 부재하기 때문에.

자기의 시간을 다하지 않고 죽는 이는 없다. 당신이 태어나기 전의 시간도, 당신이 남기고 간 후의 시간도 처음부터 당신의 것이 아니었다.

"앞서 흘러간 영겁의 시간이 너에게는 아무 의미가 없는 것을 보아라."

언제 생을 마감하든, 그게 당신 몫의 전부다. 얼마나 살았느냐가 아니라 어떻게 살았는지가 중요하다. 오래 살았지만 조금

산 것일 수도 있다. 그러니 살아 있는 동안에는 삶에 전념하라. 충분히 살았는지의 여부는 실제로 몇 해를 살았는가보다 그대의 의지에 달려 있다. 끊임없이 지향하고도 이르지 못할 만한 곳이 있는가? 끝이 없는 길은 없다. 게다가 동반자가 그대를 도와준다면, 온 세상이 왜 그대와 함께 가지 않겠는가?

"죽음에서는 모든 것이 그대를 따라갈 것이다."

그대가 움직일 때 모든 것이 움직이지 않는가? 세상에 그대와 함께 노쇠하지 않는 것이 있는가? 수많은 사람이, 수많은 동물이, 수많은 생물이 모두 당신이 죽는 그 순간 죽는다.

우리는 언제든 자신의 모습 그대로 떠날 수 있도록

신을 신고 채비해야 한다.

8

끊임없이 죽음이란 말을
입에 달고 산다

나는 죽음에 대해 상상하는 습관이 있을 뿐만 아니라 끊임없이 죽음이란 말을 입에 달고 산다. 그리고 사람의 죽음에 대해서만큼 내가 기껍게 탐색하는 주제도 없다. 특히 어떤 사람이 어디서 죽었는지보다는 죽을 때 어떤 말을 했는지, 표정과 자세는 어땠는지를 주의 깊게 살펴본다. 내가 써놓은 글들만 보아도 이 주제에 유달리 관심을 갖고 있다는 것을 알 수 있다. 내가 작가였다면 각종 죽음에 대해 해설해놓은 문집을 만들었을 것이다. 사람에게 죽는 법을 가르치는 것은 곧 사는 법을 가르치는 것이다. 디카이아르코스Dikaiarchos가 그런 책을 쓰기는 했으나 목적도 달랐고 그리 유용하지도 않았다.

사람들은 죽음의 실제 모습이 상상을 훨씬 뛰어넘기 때문에 아무리 화려한 검술도 죽음 앞에서는 패배할 수밖에 없다고 말한다. 그들이 그렇게 말하도록 내버려두어라. 미리 죽음에 대해 생각해두면 분명 굉장히 유익하니 말이다. 어떤 변화나 흥분 없이 적어도 그런 생각을 했다는 것은 이미 작은 일이 아니지 않은가? 그뿐만 아니라 자연도 우리에게 손을 내밀어 용기를 준다. 죽음이 급작스럽고 통렬하다면 그것을 두려워할 여유가 없기 때문이다. 죽음이 천천히 온다면 나는 병세가 심각해질수록 삶을 더욱 경멸하게 될 것이다. 나는 병들어 앓을 때보다 건강할 때 죽음에 대한 결의를 소화하기가 더 힘겹다는 것을 안다. 하지만 삶의 매력을 더이상 누리지도, 추구하지도 않게 되면 죽음에 대한 공포가 부쩍 줄어든다.

나는 그렇게 내가 삶에서 멀어지고 죽음에 가까워질수록 삶과 죽음의 교환을 더욱 편안하게 받아들일 수 있기를 소망한다. 카이사르Caesar는 어떤 것을 가까이에서 볼 때보다 멀리서 볼 때 더 크게 느껴진다고 말했다. 나는 여러 상황에서 이를 직접 경험했는데, 그 예로 나는 실제 병에 걸렸을 때보다 오히려 건강했을 때 질병을 훨씬 두려워했었다. 내가 지금 누리는 환희, 내가 지금 느끼는 기쁨과 활기가 그 반대의 상황과 극명하게 대비를 이루어 내 상상 속에서 근심을 배가시키니 실제보다 훨씬 괴로워지는 것이다. 죽음을 경험할 때도 이 원리가 적용되기를 바란다.

9

죽음은 자연의 원칙에서
조금도 벗어나지 않는다

누군가에게 득得이 되는 것은 다른 이에게 실失이 된다. 하나의 예로 아테네의 데마데스Demades가 자기 마을의 장의사에게 유죄를 선고했다. 죄목은 그자가 많은 사람의 죽음을 통해서 엄청난 수익을 올렸다는 것이었다. 하지만 이는 잘못된 판결이다. 왜냐하면 누군가의 희생을 치르지 않고 얻을 수 있는 이익은 없으며, 그렇게 따지면 모든 종류의 소득을 단죄해야 하기 때문이다.

장사꾼은 청년이 방탕할 때, 농부는 밀 가격이 비쌀 때, 건축가는 집이 무너졌을 때, 사법관은 소송과 분쟁이 있을 때 돈을 잘 번다. 성직자들 역시도 우리가 죽거나 악을 행할 때에야 존경을 받고 제 역할을 한다.

어느 고대 그리스 희극에서는 자기 친구들이 건강할 때 기뻐

하는 의사 없고, 자기 마을이 평화로울 때 좋아하는 병사 없으며, 이것은 다른 이들도 마찬가지라 했다. 심지어 개개인이 자기 속을 들여다보면, 결국 우리가 간절히 바라는 일은 누군가의 희생을 통해 싹트고 자라남을 발견할 것이다.

이 생각을 하다 보니 죽음이 자연의 원칙에서 조금도 벗어나지 않는다는 것을 깨달았다. 자연학자들은 모든 것의 기원, 성장, 발달이 다른 것의 변질과 퇴화에 상응한다고 간주한다.

"무언가 변하고 본성을 거스른다는 것은 이전에 존재하던 것의 죽음을 의미한다."

10

늙어서 죽는 것은
드물고 이례적인 일이다

극심한 노화로 기력이 쇠해 죽는 것이 가장 드문 죽음일진대 이것을 인생의 목표로 삼아 기다리는 것은 얼마나 황당무계한 생각인가? 마치 추락해서 목이 꺾이거나 난파를 당해 질식하거나 흑사병이나 늑막염이 걸려 맞이하는 죽음은 자연을 거스르는 일이며, 일상적인 상황에서는 이런 일들이 닥치지 않는 듯이 우리는 노사老死 하는 것만을 자연스럽다고 말한다. 이 좋은 말에 아첨하지 말고 무조건 일반적이고 공통적이며 보편적인 죽음만을 자연스러운 죽음이라 부르자.

늙어서 죽는 일은 드물다. 독특하고 이례적인 이 죽음은 다른 죽음보다 결코 자연스럽지 않다. 노사는 죽는 방법 중에 최후이자 극단적인 방법이며 요원하기에 고대하지 않는 죽음이다. 또한 우리가 넘어갈 수 없는 경계선이며 자연의 법칙이 우리에게 금지한 한계다. 그러나 동시에 노쇠에 이르기까지 사는 것은 자연이 허락한 희귀한 특권이다. 2~3세기에 한 명에게나 예외적으로 베푸는 자연의 특별한 호의이며, 그렇게 오래 사는 동안에 겪을 수 있는 모든 어려움을 제해준다.

내가 하고자 하는 말은 우리만큼 나이 먹은 사람도 사실은 그리 많지 않다는 것이다. 사람들이 보통 이 나이에까지 이르지 않는다는 사실은 우리가 그들보다 앞서 있다는 것을 의미한다. 그리고 우리가 일반적인 나이를 넘어선 현재야말로 우리 삶을 평가하는 기준이 되므로 여기에서 더 넘어가기를 바라지 않아야 한다. 이때까지 우리는 많은 사람들이 걸려 넘어지는 죽음의 순간을 잘 피해왔다. 그러니 우리가 삶을 연명해온 것이 기이한 행운이었음을 깨닫고 통상적인 기간이 지나고 나면 이 행운도 끝나리라는 것을 알아야 한다.

수많은 사람이, 수많은 동물이, 수많은 생물이

모두 당신이 죽는 그 순간 죽는다.

11

늙음이 나를 어디로 끌고 갈지는
알 수 없다

나이가 들수록 우리 영혼은 심각한 질환과 결함에 더 쉽게 노출되는 것 같다. 젊은 시절에 내가 이 말을 했을 때는 사람들이 나를 보며 턱수염도 나지 않은 어린애가 뭘 아느냐며 비웃었다. 이제는 수염이 희끗해졌으니 좀더 신망 있게 말할 수 있다. 나이가 들어 성격이 까다롭고 세상사에 불평하는 것을 우리는 '지혜'라 부른다.

하지만 우리는 나쁜 습관을 버리지도, 바꾸지도 않으며 오히려 더 심화시키는 것 같다. 늙은 영혼은 어리석고 무익하게 오만방자하며, 성가시게 지껄이거나 괴팍하고 비사교적인 성격을 갖고 있으며, 미신 따위를 믿고, 이제는 쓸 일도 없으면서 바보같이 부에 집착한다.

그뿐만 아니라 더 탐욕스럽고 불의하며 교활하다. 늙으면 얼굴보다 영혼에 주름이 더 많이 생긴다. 그렇게 거칠어지고 곰

곰팡이가 슬지 않는 영혼은 없거나 아주 드물다. 모든 인간은 성장하는 동시에 쇠퇴한다.

소크라테스가 얼마나 지혜로웠는지를 알고 또 그가 어떤 정황에서 유죄판결을 받았는지를 알기 때문에 '그가 그 상황을 일부러 조장하고 묵인한 것은 아닐까.'라는 생각을 해본다. 그도 70세에 이르러 점차 정신적으로 무기력해지고 특출한 명석함을 잃어갔을 것이기 때문이다.

노년기에 들수록 변해가는 사람들의 모습을 내 주변에서도 매일매일 어찌나 많이 봤는지 모른다. 늙는다는 것은 불지불식 간에 퍼지는 자연스럽지만 위험한 질병이다. 우리를 압도하는 결함에 대비하고 최소한 그 진척을 늦추기 위해 각별히 주의하고 끊임없이 노력해야 한다.

내가 아무리 방어한다 할지라도 늙음은 조금씩 나를 덮쳐올 것이다. 내가 할 수 있는 한 저항하겠지만 늙음이 나를 어디로 끌고 갈지는 알 수 없다. 내가 어디서 쓰러질지 알면 과연 더 행복해질까.

12

정신의 노화를
피할 수 있는 한 피한다

늙지 않는 것은 마음에 달려 있기 때문에 나는 정신의 노화를 피할 수 있는 한 피하라고, 할 수 있다면 고목에서 피어나는 겨우살이처럼 초록 싹을 틔우고 꽃을 피우라고 조언한다.

정신은 육체에 아주 단단히 고정되어 있지만 나를 버리고 끊임없이 육체의 고난을 뒤쫓기에 혹시 배신자는 아닐까 의심하게 된다. 정신에게 아첨도 하고 설득도 하지만 소용이 없다. 이렇게 정신이 육체와 공모하지 않도록 회유하고자 정신에게 세네카와 카툴루스Catullus, 귀부인들과 왕실의 춤을 소개해주기도 했다. 그러나 그의 동반자가 복통을 일으킬 때 정신은 그와 똑같이 앓는 듯하다. 이럴 때는 정신이 가진 고유의 능력도 발휘되지 못하고 육체와 함께 지쳐버린다. 육체가 기쁘지 않으면 정신도 기쁨을 느끼지 못한다.

우리 스승들이 잘못 알았다. 그들은 영혼이 눈부시게 도약하는 이유를 신성한 황홀경, 사랑, 호전적인 격분, 시, 와인 등에서 찾았고 건강은 고려하지 않았다. 예전에는 강력하고 생기 있고 완전하며 안정적인 건강이 나에게 주었던 기쁨을 이제는 정정(亭亭)함과 안정감에서 찾을 수 있다. 이 기쁨의 불은 우리가 가장 명랑하고 격정적으로 열광할 때 우리 정신이 빛나던 것보다 더 강렬하고 반짝이는 빛을 우리 정신에 비춘다.

"육체가 시들어가면 정신도 어떠한 일에도 일어서지 못하고 함께 시들어간다."

나이가 들어 성격이 까다롭고 세상사에 불평하는 것을 두고

우리는 '지혜'라 부른다.

13

내 삶의 안락과 즐거움에
죽음이 자리 잡기를

여행을 하다가 숙소에 들어가면 거의 매번 '이곳에서 편안하게 아프거나 죽을 수 있을까?' 하는 생각이 머리에 스친다. 내가 묵고 싶은 장소는 음산하거나 담배에 절어 있지 않고, 소음이 없으며 숨 막히지 않는 곳이다. 이런 세세한 것들로 죽음의 환심을 산다. 좋게 표현하자면 아무런 방해 없이 나를 충분히 괴롭힐 죽음만을 기다릴 수 있도록 모든 장애물을 제거한다.

내 삶의 안락과 즐거움에 죽음이 자리 잡았으면 좋겠다. 그렇게 죽음은 크고 중요한 자리를 차지하고 있으며 앞으로도 그러기를 바란다.

죽음의 종류 중에는 비교적 편안한 죽음도 있으나 개개인의 상상에 따라 다양한 모습을 취한다. 자연사 중에서는 쇠약해지고 둔해지는 죽음이 부드럽고 완만한 것 같다. 극단적인 죽음

중에서는 붕괴 사고로 깔려 죽는 것보다 낭떠러지에서 떨어져 죽는 편이, 소총에 맞아 죽는 것보다 예리한 검에 찔려 죽는다는 상상이 더 견디기 힘들다. 그리고 소 카토Cato처럼 자신의 칼로 스스로를 찌르느니 소크라테스처럼 독배를 드는 편이 낫다. 결국엔 똑같이 죽음을 맞이하겠지만 죽는 방법을 상상해보면, 활활 타는 화덕에 뛰어드는 것과 잔잔한 강물에 뛰어드는 것 사이에는 죽음과 삶만큼이나 큰 차이가 있다. 이렇듯 우리는 어리석게도 결과보다 과정을 더 두려워한다.

죽음은 한순간의 일이지만 상당히 중요하다. 그렇기 때문에 나는 내 방식대로 죽기 위해 기꺼이 내 인생의 여러 날을 할애할 수 있다.

14

빨리 늙기보다는
늙어 있는 시간을 최소화한다

유년에는 앞을 바라보고 노년에는 뒤를 돌아보는 것이야말로 야누스의 두 얼굴이 아닌가? 세월은 원하는 대로 나를 이끌고 가지만 나는 뒷걸음질 쳐서 간다. 내 눈으로 지나간 아름다운 시절을 볼 수 있기에 나는 이따금 시선을 그리로 돌리곤 한다. 옛 시절이 내 피와 혈관에서 빠져나간다 하더라도 최소한 그 이미지는 기억 속에 오래도록 간직하고 싶다.

"지나간 삶을 향유하는 것은 두 번 사는 것과 같다."

플라톤은 노인들에게 운동이나 댄스, 젊은이들의 놀이에 참여하면서 그들이 더 이상 갖고 있지 않은 젊은 신체의 유연함과 아름다움을 즐기며, 청춘의 축복과 특권을 되새겨볼 것을 권장한다. 그리고 그 중에서 가장 분주하게 가장 많은 사람들을 즐겁게 해준 젊은이에게 공을 돌리라고 권했다.

예전에는 고통스럽고 어두운 날들이 예외라고 생각했다. 그러나 이제는 그런 날들이 일상적이며 오히려 아름답고 맑은 날이 예외가 되었다. 나에게 나쁜 일이 일어나지 않을 때는 은혜라도 입은 것처럼 기뻐서 펄쩍 뛰고 싶을 정도다.

나를 간질여야 이 초라한 몸뚱이에서 메마른 웃음을 간신히 끌어낼 수 있다. 나는 번민과 늙음에 집중하지 않으려고 하는 상상이나 몽상에서만 즐거움을 누린다. 그러나 공상 이외에 다른 방편이 필요하다. 기교로 자연에 맞선다는 것은 무력한 투쟁이다. 모두가 그렇듯 인간의 사소한 역경들을 기다리거나 연장하려는 시도는 대단히 어리석은 짓이다.

나는 빨리 늙기보다는 늙어 있는 시간을 최소화하고 싶다. 그래서 내가 겪을 수 있는 가장 삭은 기쁨의 순간까지도 움켜쥔다.

신중하고 강하며 빼어난 여러 종류의 즐거움에 대해 들어본 적이 있다. 그러나 내가 이 모든 즐거움의 종류를 안다 한들 그것이 어떤 욕구를 불러일으킬 만큼의 영향력을 가지지는 않는다. 이제는 그렇게 웅장하고 장엄하며 호화스러운 즐거움도, 감미롭고 쉽고 여유 있는 즐거움도 바라지 않는다.

15

죽음은 결론일지언정
삶의 목표는 아니다

죽음을 당하는 것보다 죽음을 준비하는 것이 대부분의 사람을 더 고통스럽게 하는 것은 분명하다. 오래전에 어느 명민한 작가가 이렇게 말했다.

"육체적인 고통 자체보다 그것에 대한 생각이 우리 감각에 더 영향을 준다."

죽음에 직면하면 우리는 '절대 피할 수 없는 일은 더이상 피하지 않겠노라.'라며 즉시 결심한다. 옛날의 수많은 검투사들은 싸울 때는 비겁했을지라도 그들 앞에 놓인 죽음은 담대하게 받아들였다. 적군의 검에 목을 내어주며 의연하게 죽음을 맞이했다. 이에 비해 죽음이 오기 전에 죽음을 대면하는 일은 의지를 다지는 데 오랜 시간을 필요로 하기 때문에 더욱 어렵다. 죽는 법을 모르더라도 괜찮다. 자연이 장차 충분하고 완전하게 알려줄 것이다. 자연이 그대를 위해 이 일을 맡아줄 테니 애쓰지 않아도 된다.

"인간은 불확실한 죽음의 시간과 죽음으로 가는 길을 알고자 헛되이 힘쓴다. 급작스럽고 확실한 불행보다 불행을 기다리는 것이 더 고통스럽다."

죽음을 생각하면 삶이 동요하고 삶을 생각하면 죽음이 동요한다. 하나가 우리를 괴롭히면 다른 하나가 우리를 불안하게 한다. 하지만 죽음은 한순간이다. 그러니 따로 죽음에 대비할 필요는 없다. 결과도, 피해도 없는 순간의 고통에 특별한 규범은 필요 없다.

철학은 우리에게 죽음을 항상 눈앞에 두고, 미리 생각하라고 지시한다. 그리고 이러한 예지와 생각이 우리를 다치게 하지 않도록 주의사항과 규칙을 알려준다. 이는 약물과 의술을 시험 해보기 위해 우리를 병들게 하는 의사들의 행태와 같다. 사는 법을 모르는 사람에게 죽는 법을 가르치고 그 일생의 마지막을 변형시키는 것은 부당하다. 의연하고 평온하게 사는 법을 알았 다면 그렇게 죽는 법도 알 것이다. 철학자들은 자기 마음대로 자부한다. "죽음을 연구하는 데 삶 전체를 바쳤다."라고.

그러나 나는 죽음이 결론일지언정 삶의 목표는 아니라고 생 각한다. 삶의 끝이자 극단에 죽음이 있지만 그렇다고 죽음이 삶의 목적은 아니다. 삶이 삶 자체의 목적이자 목표여야 하며 스스로 결정하고 처신하도록 용인해야 한다. 죽음에 대한 앎은 삶을 이해하는 방법의 일부일 뿐이다. 죽음에 대한 염려에 무 게를 실어주지만 않는다면 이는 가벼운 삶의 요소일 수 있다.

죽음에 대한 앎은

삶을 이해하는 방법의 일부일 뿐이다.

16

침대보다는
말 위에서 죽고 싶다

젊을 때는 보편적인 의견에 순응하며 자제할 줄 알아야 한다. 이것은 타인을 위해서도, 자신을 위해서도 득이 되는 일이다. 그러나 우리처럼 나이가 들고 나면 자기 자신을 건사하기도 벅차다. 자연적인 안락이 사라져갈 때는 인위적인 안락에 기대야 한다.

젊을 때는 즐거움을 좇아도 된다고 하면서 노년에 이를 금하는 것은 부당하다. 젊었을 때 나는 생기발랄한 열정을 신중함 뒤로 감추었으나 나이가 들어서는 우울감을 떨치기 위해 방탕을 즐긴다.

"그렇게 나이가 들어 긴 여행을 떠나면 결코 돌아올 수 없을 것이오!"

그게 무슨 상관인가? 내가 여행을 떠나는 것은 돌아오기 위함도 아니요, 끝까지 가기 위함도 아니다. 단지 움직이고 걷는 것이 좋아 움직이고 걸을 뿐이다. 이익이나 토끼를 쫓아 달리는 사람은 진정으로 달리는 것이 아니다. 술래잡기를 하거나 시합을 위해 훈련하는 사람만이 진정으로 뛰는 자들이다.

내 계획은 큰 기대를 갖고 세워진 것도 아니고 각 단계가 곧 마지막이기 때문에 어떻게 갈라져도 상관이 없다. 인생의 여정도 같은 방식으로 흘러간다.

타향에서 죽을 것을 겁내거나 내 친한 벗들과 떨어져서 죽는 것을 불편하다 생각했다면 나는 프랑스를, 내 구역을 두려움 없이 벗어나지 못했을 것이다. 죽음이 내 목과 허리를 지속적으로 조여옴을 느낀다. 그러나 나는 다르게 생각한다. 어디서 죽든 다 똑같다고. 만일 죽음을 선택할 수 있다면 침대보다는 말 위에서, 집 밖에서, 내 사람들과 먼 곳에서 기꺼이 죽음을 맞이하고 싶다.

17

내가 겪는 자연적 쇠퇴에 대해
불평하지 않는다

내 얼굴과 눈은 내 상태를 단번에 드러낸다. 모든 변화가 거기에서 시작되며 실제보다 조금 더 강하게 표현된다. 나는 이유 없이 친구들의 동정심을 유발할 때가 종종 있다. 그러나 나는 거울을 보고도 놀라지 않는다. 젊은 시절에도 아무 일 없이 안색이 좋지 않고 거동이 불편해보이며 징조가 좋지 않았던 적이 여러 번 있었기 때문이다.

심지어 의사들조차 그러한 외적 변화의 원인을 찾지 못해 정신적인 문제라고 말하며 내면의 은밀한 격정이 나를 좀먹고 있다고 말했다. 그러나 그들이 틀렸다. 내 몸이 내 영혼만큼 뜻대로 되었다면 나는 조금 더 수월하게 걸을 수 있었을 것이다. 그당시 내 영혼에는 문제가 없었을 뿐만 아니라 오히려 만족과 기쁨으로 가득했다. 이는 성격 덕분이기도 했고 일정 부분 의도적이기도 했다.

내 몸이 수차례 무너질 때도 정신의 온기가 내 몸을 일으켜 세워주었던 것 같다. 그만큼 나의 정신은 쾌활하거나 혹은 평온하고 안정적이었다. 또한 4~5개월 동안 사일열을 앓았을 때 내 몸은 완전히 망가졌으나 정신만은 유쾌하게 유지되었다. 고통이 떠나가면 쇠약과 우울도 나를 그다지 슬프게 하지 않았다.

이름만 들어도 겁나는 육신의 질병이 무수히 많지만 나는 내가 실제로 겪는 수천 개의 격정과 정신의 동요가 더 두렵다. 그래서 나는 내가 겪는 자연적 쇠퇴에 대해 불평하지 않는다. 그리고 내 인생이 참나무의 수명만큼 길고 강하지 않다고 해서 아쉬워하지도 않는다.

나는 내가 실제로 겪는

수천 개의 격정과 정신의 동요가 더 두렵다.

2장

지금
이 순간을
온전히
즐긴다

18

춤을 출 때 춤만 추고,
잠을 잘 때 잠만 잔다

나는 춤을 출 때 춤만 춘다. 잠을 잘 때는 잠만 잔다. 그리고 아름다운 과수원을 홀로 거닐다가 잠시라도 딴 생각을 하게 되면 곧 내 생각을 바로잡아 다시 그 과수원에서의 산책으로, 그 고독의 감미로움으로, 그리고 나에게로 돌려놓는다. 우리의 필요에 따라 하는 행위들이 우리에게 쾌락을 주도록 자연이 어미의 마음으로 그렇게 설정해두었다. 그리고 자연은 이성뿐만 아니라 욕망으로 우리를 이끈다. 그러므로 자연의 규칙을 위반하는 것은 옳지 못하다.

평소 자신의 일에만 골몰하는 카이사르와 알렉산드로스가 인간적이고 육체적인 즐거움도 충분히 향유하는 모습을 볼 때, 나는 그것이 영혼을 흐트러뜨리는 일이 아니라 반대로 강하게 하는 일이라고 말한다. 그들은 결단력을 단호히 발휘해 지독한 고민거리와 복잡한 생각을 일상의 습관에 굴복시켰기 때문이다. 그들은 현명하게도 즐거움을 자신들이 일상적으로 해야 할 일이라 여기며 그 외의 것을 오히려 예외로 간주했다.

본성은 저절로 자신을 드러내니 우리는 그저 운영할 따름이다. 본성은 모든 계층에 존재하며 장막이 없는 듯 뒤에서도 드러난다. 본인의 품행을 꾸밀 줄 아는가? 그렇다면 그대는 책을 지은 사람보다 훨씬 많은 일을 했다. 휴식을 취할 줄 아는가? 그렇다면 그대는 도시와 제국을 점령한 이들보다도 더 많은 것을 얻었다. 인간 최대의 걸작은 바로 온당하게 사는 인생이다. 통치하고 재산을 모으고 계획을 세우는 다른 모든 일들은 기껏해야 부수적이고 사소한 찌꺼기들일 뿐이다.

세간에 인간은 늘 미래의 일들에 얼이 빠져 있다고 비난하는 자들, 지나간 것들을 붙잡지 않았듯이 앞으로의 것들도 손에

줄 생각이 없는 듯 그저 현재의 것들을 꽉 붙들고, 또 그 위에 자리 잡으라고 가르치는 자들이 있다. 그들이 만약 본성에 따라 이끌려 간 결과들도 감히 오류라 칭한다면, 그자들은 인간의 가장 흔한 오류를 범하는 것이다. 우리에게 정신보다는 행위를 바로잡아야 한다는 거짓된 생각을 심어주기 때문이다.

19

주어진 것에 만족하고
현재를 충실히 살아간다

　우리는 현재를 충실히 살아가지 못하고 언제나 그 너머를 향해 있다. 두려움과 욕망 그리고 기대는 우리를 미래로 내던져 앞날을 그려보는 즐거움을 앗아가고 미처 깨닫기도 전에 현재의 시간을 흘려보내게 만든다. 미래에 대해 근심하는 영혼은 불행하다.

　플라톤은 이 고귀한 가르침을 이렇게 인용하곤 했다. "네 일을 하고 너를 알라." 이 말의 두 요소는 각각 우리의 모든 의무와 동시에 서로를 포괄한다. 자기 일을 제대로 해낸 사람은 네 일을 하라는 말이 곧 네가 누구인지를, 너의 것이 무엇인지를 알라는 의미임을 깨달을 것이다. 그렇게 자신을 잘 아는 사람은 남의 일을 자기가 취하지 않고, 무엇보다도 먼저 스스로를 사랑하고 계발하며, 필요 이상의 소유나 불필요한 사유와 명제를 거부한다.

미련한 사람은 원하는 것을 얻고도 기뻐할 줄 모르지만 지혜로운 사람은 주어진 것에 만족하고 절대 자신에 대해 불만을 품지 않는다.

우리는 현재를 충실히 살아가지 못하고

언제나 그 너머를 향해 있다.

20

현재를 외면하고
미지의 미래를 좇지 않는다

우리가 때때로 자신을 돌아본다면, 타인을 감시하고 외부적인 것을 파악하는 데 할애하는 시간을 차라리 자신을 탐구하는 데 쏟는다면, 우리 인간이 얼마나 연약하고 불완전한 조각들로 이루어졌는지 금세 발견할 수 있다. 그 무엇에도 만족하지 못하고 욕망과 상상에 사로잡혀 자신에게 무엇이 필요한지 제대로 선택하지 못하는 우리의 모습이 바로 우리가 불완전하다는 증거가 아니겠는가?

이것을 잘 드러내는 것이 바로 철학자들이 오랜 시간 동안 논쟁해온 인간의 최고선最高善이다. 이 주제에 대한 논의는 지금도 진행중이고 앞으로도 의견이 수렴되지 못한 채 영원히 지속될 것이다.

"갈망하는 대상이 멀리 있을 때는 다른 무엇보다도 그 대상을 열망한다. 그러나 그것을 얻고 나면 다른 것을 바라며 여전히 갈증을 느낀다."

우리가 무엇을 알게 되고 무엇을 누리게 되든, 우리는 그것이 충분한 만족을 주지 못한다고 느끼며 현재의 것이 적당함에도 언제나 미지의 미래를 좇는다. 그러나 실은 현존하는 것들이 충분하지 않아서가 아니라, 우리가 마구잡이로 잘못 받아들이기 때문이다.

"사는 데 필요한 거의 모든 것이 주어졌으므로 사람은 살 수 있다. 그러나 부와 명예와 영광이 넘쳐나고 자녀들의 명성으로 빛이 나는 사람일지라도 깊은 내면에는 근심하는 마음이 있다. 고통스러운 탄식으로 정신이 괴로울 수도 있다. 그때야 그는 불행의 근원이 바로 그릇 자체에 있다는 것을 깨닫는다. 그릇에 결함이 있기 때문에 밖에서 아무리 좋은 것들을 부어본들 내부는 부패할 수밖에 없음을 말이다."

우리의 욕망은 우유부단하고 변덕스럽다. 그래서 인간은 어떤 것도 제대로 차지하거나 즐기지 못한다. 그러나 우리는 이것이 사물의 결함 때문인 줄 알고 잘 알지도 못하는 다른 것들로 채우고 즐긴다.

"인간 본성의 보편적인 결함으로 우리는 아직 본 적 없거나 감추어진 미지의 것을 더욱 신뢰하고 경외한다."

21

잊고자 하는 열망은
기억을 선명하게 한다

지식이 우리를 압박하는 불행에 대한 생각을 그치고 사라진 쾌락에 집중하라고 우리에게 말해준다면, 과거의 행복을 떠올리는 것을 현재의 불행에 대한 위안으로 삼으라고 한다면, 우리를 괴롭히는 것에 맞서기 위해 사라진 즐거움을 활용하라고 한다면, 그것은 무슨 의미일까?

"슬픔을 완화시키기 위해 불쾌한 생각에서 시선을 돌려 즐거움을 떠올려라."

지성은 힘이 부족할 때 이같은 술수를 쓴다. 몸과 팔에 기운이 부족해 옆으로 슬쩍 빠져나갈 궁리를 하는 것이다. 하지만 양식이 있는 사람에게 "불타는 열병을 앓는 순간에 그리스 와인을 떠올리며 기꺼워하라."라고 요구하는 것이 가당하기나 한가? 철학자들도 그렇게는 못할 것이다. "좋은 기억을 떠올리는 것은 고통을 배가한다."라는 말처럼 심지어 그의 상태를 악화시키는 것은 아닐까?

같은 이치로 철학에서 나온 조언이 또 있다. "과거의 행복한 기억만 남겨두고 우리가 견뎌야 했던 모든 근심은 잊어라." 잊을 것과 잊지 않을 것을 우리가 결정할 수 있기라도 한 것처럼! 이 또한 쓸데없는 조언이다.

"달아난 행복을 회상하는 것이 달콤한지고."

나에게 불운에 맞설 수 있는 무기를 쥐여 주고 인간의 모든 역경을 짓밟을 용기를 주어야 할 철학이 어쩌다가 나를 이렇게 불안한 토끼처럼 갈지자로 뛰어다니게 하고, 우스꽝스럽게 방황하도록 하는 결함에 이르렀을까?

어떤 기억을 남길지는 우리의 소관이 아니다. 잊고자 하는 열망만큼 기억을 선명하게 새겨놓는 것이 없다. 그러니 마음에 담아두고 새기고 싶은 것이 생겼을 때는 기억에게 그것이 사라지게 해달라고 요청하는 것도 좋은 방법이다.

다음의 문장은 거짓이다.

"영원한 망각에 불행을 묻고 좋은 순간만을 기분 좋게 떠올리는 것은 가능하다."

그러나 다음 문장은 참이다.

"나는 기억하고 싶지 않은 것도 기억한다. 잊고자 하는 것은 잊을 수 없다."

22

불행도 인간의
한 요소임을 받아들인다

우리가 '행복'이라 부르는 것은 '불행'의 부재일 뿐이다. 이 것은 쾌락을 가장 예찬했던 철학 학파(에피쿠로스 학파)가 행복을 괴로움의 부재라고 정의한 것과 일맥상통한다. 엔니우스Ennius 가 "불행이 하나도 없다는 것은 너무나 행복한 일"이라고 말했 듯이 인간이 바랄 수 있는 가장 큰 행복은 불행의 부재다.

일부 즐거움에서 느낄 수 있는, 단순한 건강과 무통無痛 이상 의 것을 주는 듯한 흥분과 욕구는 곧 적극적 쾌락이다. 말하자 면 변화무쌍하고 통렬하며 신랄한 이 적극적 쾌락은 단 하나의 목표를 가진다. 바로 고통을 피하는 것. 예를 들어 여인을 향한 정열은 결국 고통을 뒤쫓게 하는데, 이 고통은 격렬하게 불타 는 욕망을 일으킨다. 그리고 정열이라는, 이 적극적 쾌락은 오 직 그 열기를 채우거나 잠재우거나 해소해줄 것을 요구한다. 다른 욕망도 마찬가지다.

내가 말하고자 하는 것은 우리의 처지를 고려할 때, 단순함이 우리를 불행의 부재로 이끈다면 우리는 곧 굉장히 행복한 상태로 이끌릴 것이라는 사실이다. 그러니 단순함이 무미할 정도로 둔한 것이라고 여기지는 말자.

하지만 만약 에피쿠로스 Epikouros가 설파한 불행에 대한 무감각이 불행의 도래나 출현마저도 없는 것으로 간주한다면 크란토르 Crantor의 이에 대한 반박은 옳은 것이다. 나는 고통의 완전한 부재에는 동의하지 않는데, 이것은 가능하지도 않을뿐더러 바람직하지도 않다.

내가 병에 걸리지 않았음에 만족하지만 설사 병들었다 하더라도 나의 상태에 대해 알고 싶고, 내 몸을 지지거나 도려내야 한다면 그 고통을 느끼고 싶다. 왜냐하면 아픔에 대한 인식을 없앤다는 것은 그와 동시에 쾌감에 대한 인식도 없애버리는 것

이며, 나아가 인간을 인간답게 하는 조건이 소멸하는 것이기
때문이다.

"고통에 무감각해지려면 비싼 값을 치러야 한다. 그 대가는
정신의 둔화와 육체의 마비다."

불행도 인간의 한 요소다. 그러므로 항상 고통을 쫓아내고
쾌락을 좇기만 해서는 안 된다.

마음에 담아두고 새기고 싶은 것이 생겼을 때는
기억에게 그것이 사라지게 해달라고 요청하는 것도 좋은 방법이다.

23

내 운명이 위대해지기를
바란 적은 없다

불행을 견디는 것은 대단히 힘겹지만 반대로 초라한 운명을
받아들이고 영화榮華를 포기하는 것은 그리 큰 노력을 요하지
않는다. 이것은 나 같은 사람도 별 어려움 없이 깨달을 수 있다.
그러나 이런 포기에 영광이 동반되는 줄 모르는 사람들은 어떻
게 해야 할까? 여기에는 위대해지는 쾌감과 욕망보다 더 큰 야
심이 있는데도 말이다.

나는 제국이나 왕권과 같은 고결한 운명의 위대함을 바란 적
은 없다. 그런 것을 바라기엔 나는 정말 자신을 사랑한다. 나를
높이고자 생각할 때도 제한되고 위축된 정도의 진보만을 바랄
뿐이다.

카이사르와 반대로 나는 파리에서 최고가 되어 사느니 페리
괴Perigueux에서 2등이나 3등으로 사는 편을 선호한다. 그리고

거짓말이 아니라, 파리의 최고위 관직보다는 세 번째 정도가 낮다고 생각한다. 이름 모를 부랑자처럼 문지기와 언쟁하는 것이나 경의의 표시로 나에게 인사하는 군중을 헤치고 지나가는 것이나 싫기는 매한가지다.

내가 중간 계층을 좋아하는 것은 내 운명이자 취향이다. 신이 나에게 허락한 환경을 넘어볼 생각을 하지 않았음은 내가 하는 일과 인생을 통해 드러난다. 자연적으로 주어지는 것들은 쉽고 편안하다.

내 영혼은 워낙 겁쟁이라 좋은 운명을 그 중요도에 따라서가 아니라 용이성에 따라 평가한다. 그러나 내 마음은 아주 넓지는 않을지언정 개방적이며 약점을 담대히 드러낼 줄 안다.

토리우스 발부스Thorius Balbus와 레굴루스Regulus의 인생을 비교한다고 가정해보자. 토리우스는 신사답고 잘생기고 학식 있으며 건강했고, 온갖 매력과 오락에 능한 사람이었다. 하지만 그는 홀로 평온한 삶을 향유했다. 반면 레굴루스는 우리 모두가 아는 것처럼 고상하고 도도했으며 훌륭한 최후를 맞이했다.

한 사람은 이름도 빛도 없이, 한 사람은 모범적이고 놀라울 만큼 영광스럽게 생을 마감했다. 키케로만큼 멋지게 말할 수만 있다면 그가 한 말을 따라했을 텐데, 나의 말로 해야 한다면 이렇게 표현하겠다. 첫 번째 사람은 내가 본받을 수 있는 역량과 열망의 수준에 있었지만, 두 번째 사람과 나의 간극은 너무 크다. 두 번째 사람은 내가 동경만 할 수 있지만, 첫 번째 사람은 실천한다면 나도 쉬이 닿을 수 있을 것 같다.

24

내가 그것을 어떻게 보느냐가
중요하다

부유함과 궁핍함은 개인의 마음에 달려 있다. 부든, 명예든, 건강이든, 그것을 소유한 이가 부여한 의미 이상의 아름다움이나 즐거움을 지니지 못한다. 본인이 행복하다고 생각하면 행복하고, 불행하다고 생각하면 불행하다. 스스로의 확신이야말로 본질적이고 진실한 것이다.

운명은 우리를 행복하게도, 불행하게도 하지 못한다. 단지 우리의 영혼에 재료와 씨앗을 주어 더욱 강해진 영혼이 원하는 대로 향하고 실행할 수 있게 할 뿐이다. 자의만이 행복과 불행을 결정짓는 유일한 근거이자 주권자다.

외부적인 성취는 내부적인 조직을 통해 맛과 색을 가진다. 우리가 옷을 입었을 때 몸에서 열이 나는 것은 옷 자체에 열이 있어서가 아니라 우리 스스로가 발산하는 열 때문인 것처럼 말이다. 몸을 차갑게 하고자 할 때도 마찬가지로 외부가 아니라 내부에서 한기를 얻는다.

게으름뱅이에게는 공부가 고역이고 술주정뱅이에게는 금주가 고문이다. 음욕이 가득한 사람에게는 수수한 삶이 형벌이고 허약하고 태만한 사람에게는 훈련이 고통스러운 일이다. 다른 경우도 마찬가지다. 모든 일은 그 자체로 괴롭거나 힘들지 않다. 우리의 약함과 비겁함이 그렇게 만드는 것이다.

위대한 일을 판단하려면 크고 위대한 정신이 필요하다. 그렇지 않으면 우리의 악함이 그 판단에 영향을 준다. 곧은 노(櫓)도 물 안에서는 굽어져보인다. 우리가 무언가를 본다는 사실만 중요한 것이 아니라, 그것을 어떻게 보느냐도 중요하다.

25

나는 최대 1년 이내의
계획만 세운다

젊은이는 인생을 준비하고 늙은이는 인생을 만끽해야 한다고, 현인들은 말한다. 그들이 우리에게서 발견한 가장 큰 오류는 우리의 욕망이 끊임없이 젊어진다는 것이다. 우리는 끊임없이 다시 살기 시작한다. 한 발은 이미 무덤 속에 있건만 욕구와 필요는 계속 소생하기만 한다.

"죽는 순간에 대리석을 재단하면서도 무덤에 세울 생각은 않고 집을 건설하는구나."

나는 최대 1년 이내의 계획만 세우며 언제나 나의 죽음에 대해서 생각한다. 모든 새로운 희망과 사업에 거리를 두고 내가 떠나는 모든 장소에 작별을 고하며 내가 가진 것들에서 매일 조금씩 멀어진다.

"내가 아무것도 잃지도, 얻지도 않은 지 오래되었다. 앞으로
걸어야 할 길보다는 지금까지 비축해둔 것이 더 많다."

자연적으로 주어지는 것들은

쉽고 편안하다.

26

누릴 수 없다면
행운이 무슨 소용이랴

마을에서 막대한 재산과 보석, 값진 가구들이 호화롭게 옮겨
지는 것을 보고 소크라테스는 "조금도 탐나지 않는 것들이 얼
마나 많은가!"라고 소리쳤다. 메트로도로스Metrodoros는 12온
스로 하루를 보냈고 에피쿠로스는 그보다도 적게 썼다. 메트로
클레스Metrocles는 겨울엔 양들과, 여름엔 신전 복도에서 잠을
잤다. 또 클레안테스Cleanthes는 제 손으로 먹고살았으며, 마음
만 먹으면 한 사람 더 건사할 수도 있다고 자신했다.

우리 존재를 보존하기 위해 자연에게 받은 게 너무 적다면
(그것이 실제로 얼마나 적은지를 가장 정확히 표현하려면, 너무 적어서 운명
의 관심과 충격조차 빗겨갔다고 하면 된다), 우리에게 뭔가를 더 주자.

우리의 습관과 상태도 '본성'이라 부르고, 그 본성에 따라 판
단하고 처리하자. 우리의 소유를 거기까지 확장하자. 습관은

제2의 천성이며 천성보다 결코 약하지 않다. 습관이 들기 전까지는 내 성격이 아니라고 간주한다. 오래도록 내가 지내왔던 상태를 잘라내느니 차라리 나에게서 삶을 빼앗는 것이 낫다.

이제 나는 커다란 변화를 겪거나 새롭고 참신한 방식을 시도하거나 진보할 시기는 지났다. 내가 다른 사람이 되기에는 때가 늦었다. 만일 지금 내 손 안에 커다란 모험이 주어진다면 내가 즐길 수 있던 그 시절에 그런 일이 일어나지 않았음을 무척이나 아쉬워하리라.

"누릴 수 없다면 행운이 무슨 소용이랴?"

27

나는 인생을
남들의 두 배로 즐겼다

'소일거리passe-temps'나 '시간을 보낸다passer le temps'라는 일
상적인 표현들을 보면 삶이 성가시고 하찮은 존재인 마냥 그저
흘리고 달아나고, 지나치고 피하며, 할 수 있는 한 회피하고 도
망하는 것 외에 나은 방도가 없다던 '신중한' 사람들의 태도를
알 수 있다. 그러나 나는 인생을 다르게 본다.

삶은 귀중하며 안락하다. 내가 지금 머물고 있는 마지막 순
간까지도 말이다. 자연이 우리에게 이렇게 좋은 환경을 주었으
므로 우리를 압박하거나 공연히 빠져나간대도 우리는 항의할
수 없다.

"어리석은 자의 인생은 즐거움 없이 완전히 미래만을 향해
있어 불안하다."

나는 후회 없이 삶을 떠나기로 마음먹었다. 그러나 이는 삶을 상실할 수밖에 없기 때문이지, 결코 귀찮거나 고통스러워서가 아니다. 삶을 즐기는 사람이 죽음을 싫어하는 사람보다 더 잘 견딘다.

삶을 즐기는 방법은 있다. 나는 인생을 남들의 두 배로 즐겼는데, 즐거움의 크기는 내가 얼마나 전심전력했는지로 측정할 수 있다. 그리고 내 인생이 얼마나 짧은지를 보는 지금, 나는 즐거움에 더 깊이 잠기고 싶다. 민첩하게 달아나는 삶을 민첩하게 붙잡고 싶다. 서둘러 흘러가는 인생을 더 잘 활용함으로써 보상받고 싶다. 인생이 짧을수록 더 깊고 풍성하게 만들어야 한다.

인생이 짧을수록

더 깊고 풍성하게 만들어야 한다.

3장

진짜
나답게
되는 법을
안다

28

모든 애정을
내 영혼과 나 자신에게 쏟는다

다른 사람들이 수없이 많은 친구나 지인들에게 권세와 명예를 위해 애정을 베푼다면, 나는 모든 애정을 내 영혼과 나 자신에게 쏟는다. 새어나가는 애정이 있다 하더라도 그것은 내 의지가 아니다.

사람들은 항상 자기 앞을 보지만 나는 내면으로 시선을 돌려 스스로를 평가한다. 저마다 자기 앞을 바라보지만 나는 내 안을 들여다보는 것이다. 나는 나 자신만 돌보며 나를 끊임없이 시험하고 분석하며 음미한다. 생각해보면 다른 이들의 시선은 늘 자신이 아닌 다른 곳을 향하고, 앞으로 가기만 한다.

"아무도 자기 안으로 들어가려 하지 않는다."

29

나라는 존재를
충실하게 누릴 줄 안다

자신의 존재를 충실하게 누릴 줄 아는 것은 절대적이며 숭고한 일이다. 우리는 자신을 이해하지 않기 위해 다른 조건을 구하고, 어떤 일이 일어났는지 모른 채 자신에게서 벗어난다. 하지만 아무리 죽마에 올라탄들 무슨 소용이랴. 죽마 위에 있어도 결국 우리 다리로 걸어야 하는데. 세상에서 가장 높은 보좌에 앉아 있더라도 이는 사실 우리 엉덩이 아래에 있을 뿐이다.

내가 생각하기에 가장 아름다운 인생은 보편적이고 인간적인 형식에 질서 있게 들어맞으며, 비범하지만 부조리가 없는 삶이다. 그러나 늙은 사람들에게는 조금 더 다정하게 대해줄 필요가 있다. 신에게 그들을 위한 건강과 지혜를 구하되, 밝고 사교적이기를 간절히 바라자.

"라토나의 아들이여, 강건한 건강과 온전한 성신으로 내가

축적한 재산을 즐기기를 기도합니다. 나의 노년이 수치스럽지
않으며 여전히 리라(고대 그리스의 작은 하프와 같은 현악기-역자)를
다룰 수 있게 하옵소서."

"아무도 자기 안으로

들어가려 하지 않는다."

30

남아 있는 인생만큼은
온전히 나를 위해 산다

타인을 위한 삶은 충분히 살았다. 이제 남아 있는 인생만큼은 자신을 위해 살자. 모든 생각과 의도가 우리 자신과 우리의 안위를 지향하게 하자. 확실한 자기만의 방을 마련하는 것은 매우 중대한 일이라 다른 일과 병행하기에는 다소 벅찰 수 있다. 하지만 신이 우리에게 떠날 겨를을 주었으니 채비를 하자.

짐을 꾸리고 직장에서 미리 휴가를 얻자. 그리고 다른 것에서 자신을 분리시켜 우리를 옭아매는 폭력적인 속박들을 풀어내자. 그 속박이 아무리 강력할지라도 의무감에서 벗어나 이제는 이러저러한 것들을 사랑하되, 오직 자신과만 혼인해야 한다. 다시 말해 모든 것과 관계를 맺되 자신의 일부를 벗겨내거나 뜯어버리지 않고서는 그것과 분리될 수 없을 만큼 결합하거나 달라붙지 말아야 한다. 세상에서 가장 위대한 일은 자기 자신을 아는 일이다.

이제는 우리가 사회에 기여할 것이 없으므로 사회에서 벗어날 때가 되었다. 무언가를 빌려줄 수 없는 사람은 빌리지도 말아야 한다. 기력이 쇠하고 있으니 남은 힘은 안으로 끌어모아 자신을 위해서만 쓰자.

사람들은 쇠약해져가는 우리를 쓸모없고 불쾌하고 성가시게 여긴다. 하지만 우리 자신에게까지 쓸모없고 성가시고 불쾌한 존재가 되지 않도록 주의해야 한다. 자기 자신을 보듬고 어루만지며, 무엇보다 본인의 이성과 의식을 스스로 통제해서 사람들이 보는 앞에서 치욕스럽게 실족하지 않아야 한다.

"스스로를 충분히 존중하는 사람은 드물다."

어릴 때는 배워야 하고, 성인이 되어서는 숙달해야 하며, 나이가 들었을 때는 어떠한 의무도 없이 자유롭게 살아야 한다고 소크라테스가 말했다.

31

진정한 자유와 고독을
만끽한다

악惡이 우리 영혼을 사로잡고 있을 때 영혼은 스스로 벗어나지 못한다. 그러므로 영혼을 되찾아 자기 안에 가두어야 한다. 이것이 진정한 고독이다. 도시 한가운데서나 궁정에서도 누릴 수 있는 고독이지만 홀로 떨어져 있을 때 더 만끽할 수 있다.

사람들과의 교제 없이 혼자 지내기로 작정한 이상 자신의 기쁨은 스스로 결정할 수 있어야 한다. 타인과의 모든 연결고리를 끊고 자신에 대한 주도권을 잡아 완벽히 혼자서 마음대로 살도록 하자.

스틸폰Stilpon은 마을의 화재 때문에 도망쳐 나오면서 아내와 자녀, 전 재산을 잃었다. 엄청난 재앙을 겪고도 당황한 기색이 없는 그를 본 데메트리오스 폴리오르케테스Demetrius Poliorcetes가 그에게 아무런 손실도 없었는지 물었다. 스틸폰은 "천만다

행으로 자기 것은 하나도 잃지 않았다."라고 대답했다. 철학자 안티스테네스Antisthenes가 우스갯소리로 하던 "조난을 당해도 빠져나올 수 있게 물에 뜨는 비상식량을 준비해두어야 한다." 라는 말의 의미도 바로 이것이다.

분별 있는 사람이 자기 자신을 건사했다면 그는 아무것도 잃지 않은 것이 맞다. 외적이 침입해 폴린Paulin 주교가 살고 있던 도시를 폐허로 만들었을 때, 그는 모든 것을 잃고 포로가 되었으나 신에게 이렇게 기도했다.

"주여, 제가 이 상실을 느끼지 않도록 지켜주소서. 그들이 제 소유는 하나도 건드리지 않았음을 주께서 아시나이다."

시련 속에서도 스틸폰이나 폴린 주교를 유복하게 해주었던 부와 선량하게 해주었던 선은 전부 그대로 있었다. 우리가 보물로 삼아야 할 것은 이렇게 약탈당할 걱정 없고, 발길 닿지 않는 곳에 숨겨두어 자기 자신 외에는 누구도 찾을 수 없는 것이어야 한다. 물론 아내와 자녀, 재산, 그리고 할 수만 있다면 특히 건강은 반드시 있어야 한다. 하지만 자신의 행복이 그것들에 좌우될 정도로까지 애착을 가져서는 안 된다.

온전히 자신만의 뒷방, 즉 은신처를 마련해 진정한 자유와 고독을 만끽해야 한다. 그 장소에서 매일 자신을 돌보며 외부의 교류나 소통이 전혀 접근하지 못할 만큼 철저히 은밀한 공간으로 만들어가야 한다. 그곳에서 아내나 자녀, 재산, 하인이 없는 사람처럼 웃고 떠들다보면 실제로 그것들을 잃는 날이 왔을 때도 우리는 초연하게 견뎌낼 수 있다. 우리 영혼은 자신에게로 고개를 돌릴 줄 알기 때문에 우리의 착실한 동반자가 되어줄 것이다. 우리 영혼은 공격하거나 방어할 능력, 주고받는 능력도 있다. 그러므로 고독할 때 지루한 무위에 빠져버릴까 염려하지 말자.

"고독 한복판에서 스스로 군중이 되어라."

32

나는 내가
내 안에만 있다고 여긴다

이름을 드높인다는 것은 우리 이름을 여러 사람의 입에 오르게 해 널리 전파하는 것을 의미한다. 우리 이름이 어디서나 환대받고 그렇게 얻은 명성이 우리에게 유익하기를 기대한다. 그보다 못한 결과는 용납할 수 없다.

이 병이 심해지면 사람들은 어떤 방식으로든 자신에 대해 말하게 할 방도를 물색하는 지경에 이른다. 폼페이우스 트로구스Pompeius Trogus가 헤로스트라투스Herostratus에 대해, 그리고 티투스 리비우스Titus Livius가 만리우스Manlius에 대해 말하기를, 이들은 좋은 평판을 얻기보다는 무조건 많이 알려지기를 바랐다고 한다.

이것은 일반적인 오류다. 우리는 우리에 대해 무슨 이야기를 하는지 보다 우리에 대해 이야기하는지 그 자체에 더 신경을 쓰고, 우리를 어떻게 부르는지에 상관없이 그저 사람들 입에 이름이 오르내린다는 사실로 만족스러워한다. 마치 타인에게 알려지기만 하면 자신의 삶과 생애가 보장받는 것처럼 말이다.

반면 나는 내가 내 안에만 있다고 여기며, 친구들이 알고 있는 나의 다른 모습에 대해서는 그저 있는 그대로 받아들일 뿐이다. 누군가가 나에 대해 갖고 있는 가상의 의견에 대한 조금의 허영심 외에 어떠한 유익이나 기쁨도 느끼지 못한다. 그리고 내가 죽은 이후에 누가 나를 아는지는 더욱 사소해질 것이며, 여기에서 간혹 파생되었던 진정한 유익조차 완전히 무용해질 것이다. 내가 명성을 붙잡을 수 있는 여지조차 없어질 것이며 명성이 나에게 닿거나 이르지도 못할 것이다.

우리 영혼은 자신에게로 고개를 돌릴 줄 알기 때문에

우리의 동반자가 되어줄 것이다.

33

상대방의 판단이 아니라
내 판단을 믿는다

몇몇 친구들은 이따금씩 허심탄회하게 나를 비판하고 나무란다. 그들이 자발적으로 그럴 때도 있지만 내가 부탁할 때도 있다. 그러면 친구들은 제대로 된 영혼을 위해 유익하고 친절한 우정으로 좋은 일을 했다고 생각한다.

나는 언제나 그 의견을 열린 마음으로, 정중하고 감사하게 받아들였다. 그러나 오늘에야 솔직히 말하자면 나는 그들의 찬사와 비판이 다소 부적절하다고 느꼈으며, 그들이 잘되라고 말해준 대로 하는 것보다 내가 잘 안 되려고 마음먹은 대로 하는 편이 차라리 더 낫다고 생각했다.

자신이 내면에서 어떤 생각을 하는지는 오로지 자기 자신밖에 모른다. 그러므로 우리는 행위의 시금석이 될 내면의 기준을 세워, 이에 따라 때로는 자신을 칭찬하고 때로는 비난해야 한다. 나는 다른 사람의 기준으로 나를 돌아보는 것이 아니라 스스로의 기준으로 판단하기 위해 나만의 법규와 법원을 두고 그곳에 나 자신을 제소한다. 다른 이들의 기준으로 내 행위를 제한하면서도 나의 기준으로 내 행위들을 펼친다.

그대가 비겁하고 잔인한지, 충직하고 신실한지는 그대 자신밖에 알지 못한다. 다른 사람들은 그대를 보지 못하고 그저 불확실한 추측으로 짐작할 뿐이다. 그대의 기교를 볼 뿐, 본성은 보지 못한다. 그렇기 때문에 상대방의 판단이 아니라 자신의 판단을 믿어야 하는 것이다.

"자신의 판단을 믿으라. 선과 악을 판단하는 것은 굉장히 중요하다. 이것을 없애버리면 이 땅의 무엇과도 다를 바 없다."

34

나의 견해 외에는
무엇도 신뢰한 적이 없다

내 잘못이나 불행에 대해 나 외에는 누구도 탓할 수 없다. 나는 학문적 가르침이나 지식을 요할 때 외에는 그저 예의상 다른 사람의 의견을 구한다. 그러나 오로지 내 견해만으로 해결할 수 있는 경우, 다른 사람들의 의견이 내 관점을 뒷받침하기 위한 것이 아닌 이상 내 생각을 바꿔놓는 경우는 거의 없다. 물론 의견을 들을 때는 정중하고 호의적으로 경청한다.

하지만 내가 기억하는 한 지금껏 나의 견해 외에는 무엇도 신뢰한 적이 없다. 내 주의를 분산시킨 것은 파리나 먼지밖에 없었다. 내가 내 의견을 그렇게 중시하는 것도 아니지만, 그렇다고 남의 의견에 귀 기울이는 것은 더욱 아니기에 나는 그 대가를 치른다.

나는 조언을 받지 않을 뿐더러 조언을 즐겨 해주지도 않는

다. 그래서 사람들이 나에게 요구하는 것도 적고 그만큼 보내
는 신뢰도 적다. 게다가 공적인 일이든 사적인 일이든, 내 의견
을 반영하거나 그로 인해 어떤 일을 바로잡은 적도 없다.

우연히 나에게 귀 기울인 사람들은 그 어느 누구의 의견에라
도 영향을 받았을 것이다. 나는 영향을 줄 권리보다는 쉴 권리
가 더 좋기 때문에 이대로 만족한다. 나를 내버려두는 것이 바
로 내가 원하는 대로 나를 세우고 돌아볼 수 있게 해주는 것이
다. 다른 사람의 일에 휘말리거나 그들을 보호해주지 않아도
된다면 나로서는 기쁜 일이다.

어떤 일이든 지나고 나면 결과가 어떠했든지 별로 후회하지
않는다. 그렇게 지나갈 일이었다고 생각하면 고통에서 자유로
울 수 있다. 우주의 대순환이나 스토아적 사유의 연쇄도 마찬

가지다. 모든 일의 순서와 과거·미래가 뒤집어지지 않는 한, 그대가 아무리 상상하고 바란다고 한들 세상의 어느 한 조각도 바꿀 수 없다.

35

나는 소수의 일에만
열중하고 골몰한다

대부분의 사람들과 비교했을 때 나는 세상사 중에서 나와 관계가 있거나 혹은 나를 사로잡는 것을 별로 찾지 못했다. 인간의 보편성이 우리와 관련될 수는 있지만 그렇다고 꼭 보편성의 지배를 받는 것은 아니다. 나는 무신경함을 타고났는데, 이 특성을 개발하기 위해 성찰과 담화 등 많은 노력을 기울인다. 그래서 나는 소수의 일에만 열중하고 골몰한다. 통찰력이 예리하지만 소수의 대상에 대해서만 이를 발휘한다.

지각능력은 섬세하고 유연하지만 이해력과 실천력은 융통성이 없고 고집스럽다. 무엇에든 간신히 몰두한다. 할 수 있는 한 나 자신에게 온전히 몰두하면서도, 내 감정이 완전히 빠져들지 않도록 잡아매고 구속한다. 마찬가지로 나에게 무척이나 중요한 건강에 관해서도 병에 걸렸다는 사실을 못 견뎌할 정도까지 집착하지 않으려 노력한다.

또한 나는 나 이외의 일에 내 애정을 분산시키고 집중하게 하는 애착에 일심전력으로 대항한다. 다른 것에게는 자신을 빌려주기만 할 뿐 내주지는 말아야 한다. 만약 내 마음이 쉽게 다른 일에 몰두하고 전념했더라면 내가 견뎌내지 못했을 것이다. 나는 선천적으로도, 후천적으로도 너무 심약하기 때문이다.

자신의 내면에서 어떤 생각을 하는지는

오로지 자기 자신밖에 모른다.

36

나는 나 자신에게만
매달린다

자기 스스로에 대해 얼마나 많은 임무가 있으며 얼마나 많은 의무를 지고 있는지 아는 사람은 자연이 자신에게 충분히 무거운 책임을 주어 무위에 빠져들지 않도록 했다는 사실을 깨닫는다. 이미 할 일이 충분히 많으니 멀리서 찾지 말라.

사람들은 자기 자신을 세놓는다. 자신을 위해 재능을 사용하지 않고 자기를 노예 삼는 자들을 위해 사용한다. 세든 사람이 주인이 되는 셈이다. 나는 이런 상황이 마음에 들지 않는다. 우리 영혼의 자유를 아끼며, 정당한 경우를 제외하고는 자기 자신을 담보로 넣으면 안 된다. 정상적으로 판단한다면 그럴 일은 극히 드물다.

붙잡히고 끌려가는 것에 익숙해진 사람들을 보아라. 크든 작든, 상관이 있든 없든, 그들은 모든 일에 끌려다닌다. 할 일이 있으면 무분별하게 간섭하며, 격렬한 움직임이 없을 때는 영혼 없이 존재한다. 그들은 바쁘기 위해 바쁘다.

"일을 위한 일을 찾는다."

그들은 가고 싶어서가 아니라 가만히 있지 못해서 간다. 마치 돌이 땅에 떨어지면 더이상 갈 수 없을 때까지 멈추지 않듯이 말이다. 할 일이 있다는 것을 곧 자신이 중요하고 존엄하다는 의미로 받아들이는 사람들이 있다. 아기가 요람에서 뒤척이듯이 이들의 영혼은 움직임에서 안정을 찾는다. 그들은 성가신 친구들에게도 친절을 베푼다. 타인에게 돈을 나눠주지는 않지만 개인의 시간과 삶은 할애한다. 차라리 인색한 것이 더 유익하며 칭찬받을 만하지만 우리는 대개 이런 일에 가장 낭비를 많이 한다.

나는 전혀 다른 태도를 견지한다. 나는 나 자신에게만 매달린다. 그리고 평소에 내가 원하는 것을 조용히 바라지만 많은 것을 바라지는 않는다. 이와 마찬가지로 일하며 바쁘게 지내는 일도 뜸하고 막상 바쁠 때도 잠잠하게 한다. 다른 사람들은 열과 성을 다해 모든 것을 원하고 운영한다. 하지만 난관이 너무도 많기 때문에 세상의 일들을 다소 가볍고 피상적으로 흘러가게 두면 안전하다. 쾌락도 본질적으로는 고통스러운 것이다.

37

자기 자신을 다스리며
스스로 경외심을 갖는다

세상이 그대에 대해 어떻게 말하는지보다 그대가 자신에게 무어라 이야기할지를 신경 써야 한다. 자신에게서 벗어나되 그 전에 먼저 받아들일 준비를 하라. 자신을 다스릴 줄도 모르면서 스스로에게 모든 일을 일임하는 것은 미친 짓이리라.

혼자 있을 때도 군중 속에 있을 때처럼 실수할 때가 있다. 자기 자신 앞에서는 감히 발을 헛디딜 생각도 못할 정도로 스스로에게 경외심을 가지며 정신을 고결한 심상으로 가득 메우라. 또한 어떤 미치광이들도 카토Caton, 포키온Phocion과 아리스티드Aristide 앞에서는 자기 실수를 감추었는데, 이들을 마음에 새겨 그대의 모든 생각을 지배하게 하라.

불순한 의도가 생길 때마다 이들에 대한 존경심이 그대를 바로잡아줄 것이다. 이들은 그대가 스스로에 대해 만족하며 누구의 것도 빌리지 않고 자족하는 길을 안내해준다. 그뿐만 아니

라 그대의 영혼을 만족할 만한 신중하고 절제된 상태에 머물게
해줄 것이다.

그대의 영혼이 참된 선은 깨달은 만큼 누릴 수 있다는 사실
을 알게 되면, 그대는 생명을 연장하거나 명성을 높이고자 하
는 욕심을 부리지 않고도 만족할 수 있다.

38

명성을 탐하느라
헐값에 나를 팔지 않는다

명성을 얻을 만한 비범하고 모범적인 행위들은 일상의 무수한 작은 행위들과 한통속일 수 없다. 그대가 성벽을 보수했다거나 하수구를 비웠다는 사실을 그대의 칭호가 새겨진 대리석이 얼마든지 보여줄 수 있겠지만, 지각이 있는 사람이라면 그렇게 하지 않을 것이다. 선행이라도 어렵고 유다르지 않다면 명성을 얻지 못한다.

스토아학파에 의하면, 선행에서 나왔으나 존경받지 못할 행위도 있다고 한다. 대표적으로 금욕을 통해 눈곱 낀 노파를 취하지 않는다고 해서 선행을 인정받지는 않는다. 스키피오 아프리카누스Scipio Africanus의 뛰어난 덕망을 진정으로 아는 사람들이 오히려 그가 파네티우스Panaetius의 선물을 거절했을 때 받았던 칭송을 합당하지 않다고 여겼다. 이 영광이 그 개인의 것이 아니라 시대 전체에 해당되었기 때문이다.

우리는 운명에 합당한 즐거움을 취하되 위대한 이의 즐거움을 탐하지 않는다. 조촐할지언정 우리의 것이 더 자연스럽고 견고하며 확실하다. 의무감 때문이 아니라 자신만의 야망을 품어 그 외의 야망을 거절하자. 모든 사람에게 구걸하게 하는 명성과 명예를 향한 비천하고 비루한 갈증을 경멸하자. 비열한 방법으로 "헐값에 시장바닥에서 사들일 수 있다면 그게 무슨 영광이겠는가!" 그렇게 취한 영예는 오히려 불명예다.

우리가 받을 만한 영광 이상을 탐욕하지 않는 법을 배우자. 유익하고 순수한 행위를 가끔씩 하는 사람이나 과시할 일이다. 그런 사람들은 그 행위에 본인이 치른 대가만큼의 가치를 인정받고 싶어한다. 그러나 소리가 큰 선행일수록 나는 그 가치를 낮게 보는데, 이는 그 행위의 목적이 소리를 내기 위함인지 선하기 위함인지 의심이 들기 때문이다. 시장에 내놔도 반값에나

팔릴 가치다. 주체자의 손에서 소리 없이 스르륵 흘러나오는 행위가 더 기품 있다.

정숙한 사람이라면 그 자체의 가치를 알아채고 어둠에서 빛으로 드러낸다. 이름 높은 어떤 사람은 "과시하려는 의도 없이 사람들의 이목에서 벗어나 하는 일들이 훨씬 칭송받을 만하다."라고 말하기도 했다.

우리 운명에 합당한 즐거움을 취하되
위대한 이의 즐거움을 탐하지 않는다.

39

나를 잘 알기에
거짓 찬사를 즐기지 않는다

모든 일을 명예와 영광을 위해 하는 자는 사람들의 인정을 받기 위해 자신의 본모습을 숨기고 가면을 쓴 채 등장한다. 그러나 이로써 그들은 무엇을 얻는다고 생각하는가? 누군가 꼽추의 키를 칭찬한다면 상대방은 이것을 모욕으로 받아들일 것이다. 그대가 소심한 사람인데 우리가 그대를 용맹스럽다고 치하한다면 과연 우리가 이야기하는 대상이 그대가 맞는가? 이는 우리가 그대에 대해 잘 알지 못하는 것이다.

우리는 절받기를 좋아하는 사람을 보면 그가 무리의 우두머리라고 생각해 존경을 표하지만 실은 한낱 하인일지도 모를 일이다. 마케도니아Macedonia의 왕 아르켈라오스Archelaus가 길을 가고 있을 때 누군가 그에게 물을 뿌리자 그와 함께 있던 자가 그 죄인을 처벌해야 한다고 말했고 왕은 이렇게 답했다.

"그렇소, 하지만 그는 나에게 물을 부은 것이 아니라 내가 다른 사람인 줄 알고 그 사람에게 부은 것이오."

소크라테스는 그에 대해 사람들이 험담을 했다고 하자 "그들이 하는 이야기 중에 나는 없소."라고 말했다. 나의 경우에도 나를 좋은 지도자이며 겸손하고 정숙하다고 칭송하는 사람들에게 고마운 마음을 갖지도 않을 뿐더러 나를 도적이자 반역자, 술꾼이라고 말하는 자들에게도 전혀 불쾌감을 느끼지 않는다.

자신을 잘 알지 못하는 사람이야 거짓 찬사를 즐기겠지만 나는 그렇지 않다. 스스로를 잘 알고 가장 깊은 곳까지 탐색해 나의 것이 무엇인지를 잘 알기 때문이다. 내가 제대로 알려지기만 한다면 나는 사람들에게 칭송을 덜 받아도 만족한다.

40

나를 향한 남들의 비판에
의미를 두지 않는다

친구들이 나에게 "너는 멍청해! 공상에나 잠겨 있구나!"라며 거칠게 대하는 것은 견딜 수 있다. 나는 교양 있는 사람들끼리 서로 열린 마음을 가지고 서로의 생각을 말로 표현하는 것이 좋기 때문이다. 우리는 분별력 있게 듣는 능력을 강화하며 격식 차린 대화의 달콤함으로부터 귀를 단련시켜야 한다. 나는 거칠고 사내다운 친교와 어조를 좋아한다. 투박하고 강렬한 관계를 지향하는 우정이나, 서로 할퀴고 물어뜯어 피 흘리는 사랑이 좋다.

대화가 말다툼으로 번지지 않는다면, 세련되고 예술적이라면, 강압적인 모습이나 대립을 두려워한다면, 그것은 결코 강렬하고 고결한 대화가 아니다.

"격렬한 반박이 없다면 토론이 아니기 때문이다."

나는 대립할 때 분노가 아니라 관심이 깨어나서 나에게 반론을 제기하는, 즉 나를 깨우쳐주는 사람에게 다가간다. 이때 우리 둘은 진리에 대해 공통적인 입장을 취해야 한다. 분노가 이미 그의 판단을 흐려놓았고 이성보다는 동요에 사로잡혀 있다면 그가 무슨 대답을 할 수 있겠는가?

언쟁의 결과에 내기를 걸고 패배에 대한 물질적인 흔적을 남겨 기억하는 것도 좋다.

이로써 나의 하인이 나에게 "지난해 주인님이 무지하고 고집스러운 탓에 스무 번씩 100에큐ECU나 들었습지요."라고 말한다면 이 또한 유익할 것이다.

나는 진리를 환대하고 사랑한다. 멀리서부터 진리가 내게 다가오는 것을 발견하면 나는 기꺼이 그에게 나를 내어주고 패배의 의미로 무기를 건넨다.

사람들이 학교 선생님처럼 지나치게 강압적인 태도를 취하지만 않으면 나는 비난받는 것을 기쁨으로 여긴다.

대부분의 경우 나를 비난한 사람들과 화해하는데, 나를 고쳐야겠다고 생각해서가 아니라 예의상 그렇게 한다. 그들에게 쉽게 굴복하는 태도를 보여줌으로써 나를 비판할 자유를 고취하고 싶기 때문이다. 그러나 우리 세대 사람의 참여를 기대하기는 힘들다. 그들은 비판받을 용기가 없어 타인을 비판할 용기도 없다. 이들은 앞에서 서로 항상 우회적으로 말한다.

나는 이렇게 판단받고 알려지는 것을 좋아해서 내가 비난을 하는 입장이든, 비난을 받는 입장이든 크게 상관이 없다. 내 생각들이 빈번히 자가당착에 빠져 자가비판을 하기 때문에 다른 사람이 나를 비난해도 개의치 않는다. 어차피 나는 그들의 비판에 그렇게 큰 의미를 두지 않는다. 다만 주변에 우리가 자기 의견을 따르지 않으면 섭섭해하고 우리가 주저하면 모욕당했다고 여기는 사람이 있는데, 이렇게 거만한 사람과는 관계를 끊는다.

41

내가 누리는 자유는
꾸밈없고 초연하다

나는 개방적인 태도 덕분에 모임에 쉽게 스며들고 처음 만났
을 때부터 사람들의 신임을 얻는다. 시대를 막론하고 진실성과
진정성은 어디서나 환영받으며 쉬이 정착한다. 그리고 정말 사
심 없이 행동하는 사람의 자유로움에 대해서는 의심하는 이가
적고 오히려 잘 받아들인다. 언사가 딱딱하다고 불평하던 아테
네 사람들에게 히페레이데스Hypereides가 했던 말을 이 상황에
적용할 수 있다.

"여러분, 제가 자유로운지를 생각할 것이 아니라 다만 제가
자유로움 속에서 아무것도 기대하지는 않는지, 자유로움에서
제 유익을 추구하지는 않는지를 보십시오."

내가 누리는 자유는 꾸밈없고 다른 일에 초연했으며, 강렬했
기 때문에 나는 위선자라는 의혹을 떨칠 수 있었다. 아무리 불

쾌하고 힘들더라도 사람들에게 감추지 않고 이야기했으며, 그들이 없을 때도 그들에 대해 더 심한 말은 하지 않았다. 나는 행동할 때, 행동 자체 외에 다른 결과는 기대하지 않으며 그 후의 일과 결부시키지도 않는다. 각각의 행동은 제 역할을 할 뿐이며 결과를 맺을 수도, 맺지 않을 수도 있다.

나는 세상의 위인들에 대해 증오든 애정이든, 그 어떠한 감정도 느끼지 않는다. 그리고 나의 의지는 그들이 나에게 했을 모욕에 속박되지도 않으며 그들에게 특별한 의무감을 갖고 있지도 않다. 내가 왕들에게 갖고 있는 순전히 정당하고 정중한 애정이 개인적인 이익을 위해 선동되거나 억제되지 않았음을 자랑스럽게 여긴다.

나는 보편적이거나 정당한 동기에는 그다지 관심이나 열정이 없으며 날카롭고 내밀한 일에 관여할 의향도 없다. 분노와 증오는 정의의 의무 너머에 있으며, 의무를 지우기에 한낱 이성으로는 부족할 때만 열정이 쓸모 있다.

"감성을 선동하는 사람은 이성을 선동할 줄을 모르는 사람이다."

모든 정당한 의도는 스스로 억제되어 있는데, 그렇지 않은 경우에는 변질되어서 선동적이고 부당하게 변한다. 그렇기 때문에 나는 고개를 들고 가슴을 펴고 다닐 수 있다.

멀리서부터 진리가 내게 다가오는 것을 발견하면

나는 기꺼이 그에게 나를 내어주고 패배의 의미로 무기를 건넨다.

4장

**나 자신을
늘
경계하고
성찰한다**

42

나를 지켜보는
내 두 눈을 가장 경계한다

플라톤이 구슬치기를 하는 한 소년을 꾸짖었다. 소년이 "별 사소한 일로 혼을 내시는군요."라고 응수하자 플라톤은 "습관은 결코 사소하지 않단다."라고 말했다.

가장 나쁜 버릇이 드는 때는 바로 우리가 가장 미숙한 어린 시절이며 기본 성품이 어떻게 형성되는가는 보모의 손에 달렸다. 아이가 병아리 목을 비틀거나, 뛰놀다가 개나 고양이를 다치게 하는 모습을 구경하며 소일거리로 삼는 어머니, 그리고 아들이 힘없는 농부나 하인을 모욕적으로 비방하는 것을 보고 남자답다 여기거나, 친구를 악랄하게 배신하고 기만하는 것을 보고 명망 있다고 여기는 아버지는 정말이지 어리석다. 이것들이야말로 잔인함, 폭정, 반역의 씨앗이요 뿌리다. 여기에 싹이 터서 왕성하게 자라나면 마침내 습관이 된다.

나이가 어리다거나 문제가 심각하지 않다고 해서 이렇게 고약한 성질을 눈감아주는 것은 굉장히 위험하다. 왜냐하면 첫째로는 본성이 말을 할 때, 그 목소리가 약하고 미숙할수록 본색이 드러나기 때문이다. 둘째로 속임수는 그 자체로 추악하기 때문이다. 돈이 아니라 바늘로 친 사기라 해도 속임수는 비열하다. 그러므로 흔히 하듯이 "그저 바늘일 뿐인데 뭘, 돈으로는 그러지 않겠지."라는 말보다는 "바늘로 친 사기를 돈으로는 안 할까?"라는 판단이 더 정확하다.

아이들이 근본적으로 악을 경멸하도록 철저하게 가르쳐야 한다. 그 실체가 얼마나 추악한지, 어떤 가면을 쓸지라도 악은 생각만으로도 얼마나 가증스러운지를 가르쳐 그들의 행동뿐만 아니라 마음에서 새어나오도록 해야 한다.

어릴 적에도 나는 항상 크고 곧은길을 걷기 바랐고 놀이를 할 때도 속임수나 편법을 질색했다(사실 아이들의 놀이를 단순한 것이 아니라 그들의 가장 진지한 행위로 봐야 한다는 점에 유의해야 한다). 나는 사소한 놀이라도 본능적으로 속임수를 혐오한다.

나는 카드게임을 할 때, 내 아내나 딸을 상대로 승패에 관계없는 게임을 하든 다른 사람들과 내기를 하든, 점수는 늘 꼼꼼하게 따진다. 내 눈이 사방에서 나를 사사건건 지켜보기 때문에 나는 내 의무를 다한다. 내 두 눈이 나를 가까이에서 감시하기에 나도 내 눈을 가장 경계한다.

43

수시로 의심하고
나 자신을 경계한다

　역사상 가장 지혜로운 사람이었던 소크라테스에게 "당신은 무엇을 아느냐?"라고 물었더니, 그는 "내가 아무것도 모른다는 것을 안다."라고 대답했다. 이렇게 말함으로써 소크라테스는 우리가 아는 것 중에 가장 큰 부분이 우리가 모르는 것의 가장 작은 부분이라는 사실을 입증해주었다. 즉 우리가 안다고 생각하는 것들은 무지의 아주 작은 일부일 뿐이라는 것이다.

　이에 대해 플라톤도 "우리는 무엇을 안다고 꿈꾸지만 실제로는 그것을 모른다. 거의 모든 고대인들은 '우리의 지각이 제한적이고 지성이 미미하며 생이 짧기 때문에 우리는 아무것도 알 수도, 인지할 수도, 깨달을 수도 없다.'고 했다."라고 말한 바 있다.

　앎에 모든 가치를 두었던 키케로도 노년에는 문학에 흥미를 잃었노라고 발레리우스Valerius가 증언했다. 문학적 소양을 다 지던 시기의 그는 어떤 학설에도 속하지 않은 채 자유롭게 이 학파 저 학파 중 가장 개연성 있다고 생각하는 곳의 견해를 따 랐다. 키케로는 항상 학구적 회의주의를 유지했다.

"나는 말을 하더라도 아무것도 단언하지 않을 것이다. 수시 로 의심하고 나 자신을 경계하면서 탐구하기를 그치지 않을 것 이다."

44

내가 잘못된 것은 아닌지
항상 되묻는다

진실은 누구나 말할 수 있다. 그러나 신중하고 조리 있게 적당히 말하는 사람은 드물다. 그렇기 때문에 무지에서 오는 오류에 대해서는 개의치 않지만 우둔함은 나를 화나게 한다.

상인들과 어리석은 언쟁을 벌이기 싫어서 필요에도 불구하고 발길을 끊은 상점이 여럿 있다. 내가 거느리는 사람들이 저지른 잘못으로 흥분한 일은 일 년에 한 번도 되지 않는다. 그러나 그들의 몰상식하고 당돌한 주장, 변명, 자기방어의 고집과 멍청함에 대해서는 매일 우격다짐해야 한다. 내가 무슨 말을 하는지, 왜 그런 말을 하는지 알지도 못하면서 그저 대답만 하는 모습을 보면 마음이 상하게 된다.

나는 다른 사람의 머리에 받힐 때에야 내 머리가 아픈 것을 느낀다. 내 사람들의 완고함과 성가신 태도와 어리석음을 상대하는 것보다 그들의 결점을 받아들이는 것이 차라리 쉽다. 할 수만 있다면 그들이 덜 어리석었으면 좋겠다. 그들도 그렇게 바라고 있기를 희망하지만 사실 기대할 가치도 없다.

혹 내가 잘못 이해하는 것은 아닐까? 그럴 수도 있다. 내가 성급한 탓이다. 상대가 옳든 그르든, 성급함은 잘못된 것이다. 자기와 상대의 다름을 용납하지 못하는 것은 포악한 성미다. 세상의 하찮은 일들에 일관성 없이 동요하고 상처받는 것보다 더 하찮고 한결같지 않은 것은 없다.

이런 성급함에 가장 먼저 피해를 입는 자는 바로 자기 자신이다. 내가 다른 곳에서 이미 언급했던 한 고대 철학자는 자기 자신을 돌아본 후에는 어김없이 눈물을 흘렸다고 한다.

나는 내 생각에 따라 하루에도 얼마나 자주 멍청한 말과 대답을 하는가? 그리고 타인의 생각에 따라서는 얼마나 더 많은 바보짓을 하는가? 그 정도로 내가 입술을 깨문다면 다른 사람들은 어떻게 하란 말인가?

　　그러니 우리는 사람들과 더불어 살고, 강물은 저절로 다리 밑으로 흐를 수 있게 두어야 한다. 신체가 기형이거나 뒤틀린 사람을 보고도 동요하지 않으면서 어째서 정신이 온전치 못한 사람을 만날 때는 화를 참을 수가 없을까? 결함 자체보다는 그 판단에 달려 있기 때문이다. 플라톤의 말을 항상 되뇌자.

　　"무언가 이상하다고 느끼는 것은 바로 나 자신이 이상하기 때문이 아닐까? 내가 잘못된 것은 아닐까? 내가 하는 비난이 나에게 돌아올 수 있지 않을까?"

내 눈이 사방에서 나를 사사건건 지켜보기 때문에

나는 내 의무를 다한다.

45

타인에게 들이대는 잣대를
내게도 들이댄다

우리 눈은 뒤를 보지 못한다. 하루에도 백 번씩 우리는 이웃을 조롱하면서 우리 스스로를 조롱하고, 명백히 우리에게도 있는 단점을 타인에게서 찾아내 경솔하게 이를 기이하다 여기곤 한다. 어제만 하더라도 어느 양식 있는 사람을 보았는데, 그는 어떤 이가 절반 이상은 거짓인 말로 가족 친지들의 계층을 자랑하는 어리석은 짓을 한다며 정당하지만 익살스럽게 비웃고 있었다.

자질이 의심스러운 사람들일수록 이런 어리석은 말에 더 잘 빠진다. 그러나 그가 자기 자신을 돌아보았다면 본인도 과도하고 어이없게 자기 아내의 출신을 자랑했다는 사실을 깨달았을 것이다.

흠 없는 사람만이 비난할 자격이 있다고 말하는 것은 아니다. 일단 그 누구도 흠이 없을 수 없으며, 정작 필요할 때 비난하지 못할 수도 있다. 다만 우리가 타인에게 들이대는 잣대가 자기 자신에게도 똑같이 엄격하게 적용되어야 한다는 것이다. 자기 단점을 없애지 못하면서 타인의 더 가벼운 단점을 없애주는 것은 동정심으로도 할 수 있다. 그러나 나의 단점을 지적하는 사람에게 당신에게도 그 단점이 있노라 말해주는 것은 적절하지 않다.

그럼 어떻게 해야 하는가? 타인의 단점에 대해 주의를 주는 일은 정직하고 필요한 일이다. 그러나 우리의 후각이 더 예민했더라면 타인의 체취보다 자기 자신의 체취가 더 지독하게 느껴졌을 것이다.

46

나의 양심은 나를
더욱 강하게 통제한다

법의 잣대를 들이댈 때보다 정직함의 잣대를 들이댈 때 더 강제성 있고 부담스럽게 느껴진다. 공증인보다 나 자신이 나를 더 압박한다. 내 양심에 맡겨놓은 일들에 더 신경을 쓰는 것이 마땅하지 아니한가?

그 외의 일들에 대해서는 의무를 지우지 않았으므로 내 신념에는 아무런 의무도 없다. 내가 동의하지 않은 신의와 보증은 인정하지 않는다.

나는 내가 한 약속을 지키는 데 있어서는 맹목적일 정도로 민감하며, 애매하고 다양한 상황에서도 기꺼이 모든 약속을 지킨다. 그다지 중요하지 않은 일이라도 내 원칙에 따라 소중하고 중요하게 여긴다. 그러면 그 일도 그만의 구속력으로 나를 괴롭히고 부담을 준다. 강제성 없고 개인적인 일이라 할지라도 이를 드러내고, 내가 할 일을 규정해 다른 사람들도 그 일을 알게 하면 강제성이 생기는 듯하다. 할 일을 언급함으로써 다른 사람들과 약속을 하는 것 같다. 그렇기 때문에 나는 내 계획에 대해 말을 아낀다.

내가 나에 대해 판단하는 것은 타인의 판단보다 훨씬 신랄하고 엄격하다. 타인은 공동의 의무라는 관점에서만 나를 볼 수 있기 때문이다. 나의 양심은 나를 더욱 강하고 심하게 통제한다. 동시에 나에게 해당되지 않는 의무들은 무기력하게 관망한다.

"자의적인 행위만이 정당화될 수 있다."

47

내가 바보일 뿐이라는
사실을 배운다

나는 키케로보다 나 자신을 더 잘 이해하고 싶다. 내가 나를 경험해본 바, 그 가르침을 잘 배웠다면 나는 현명해지는 법을 잘 아는 사람이다. 과거의 지나친 분노와 그 열기가 자신을 어디까지 몰고 갔는지를 기억하는 사람이 아리스토텔레스보다 그 격정의 추악함을 더 잘 이해하며 지나치게 분노하지 않는다. 사소한 이유들로 불행과 위협을 겪었던 사실을 기억하는 사람은 그것을 바탕으로 향후의 변화와 자신의 상황을 다른 사람들보다 더 빠르게 받아들일 준비를 한다.

카이사르의 생애가 우리네 인생보다 더 많은 교훈을 주는 것은 아니다. 황제의 삶이든 민중의 삶이든, 모든 삶은 인생에 일어나는 사건들에 노출된 일개의 삶일 뿐이다. 귀를 기울이면 가장 필요한 것들에 대해 인생이 하는 이야기를 들을 수 있다.

본인이 내린 결정에 수차례 뒤통수를 맞고도 여전히 자신을 과신하는 사람은 정말 어리석지 않은가? 나는 타인의 논리를 수긍할 때 그가 새로이 알려준 사실보다는 그 사실에 대한 나의 무지함에 대해 배운다. 그리 놀라운 일은 아니다. 나는 나의 우둔함과 왜곡된 이해력을 배울 때 전체를 개선하기 때문이다.

내가 가진 다른 오점들에 대해서도 마찬가지며, 인생에서 이 방법이 상당히 유용함을 느낀다. 공간이나 사람이 나를 넘어지게 하는 돌이라고 생각하지 않는다. 나는 내 행동에 대해 어디서나 조심하며 나를 통제하는 법을 배운다. 단순히 우리가 바보짓을 했거나 그런 말을 했다는 사실이 아니라 우리가 바보일 뿐이라는 사실을 배워야 한다. 이것이 훨씬 위대하고 중요한 가르침이다.

모든 삶은 인생에 일어나는 사건들에 노출된

삶일 뿐이다.

48

산다는 것은
곧 생각한다는 것이다

스스로 반성하고 사색에 온전히 몰두할 줄 아는 사람에게 명상은 완전하고 강력한 수련법이다. 나는 내 정신을 배불리기보다는 단련시키기를 더 좋아한다. 자기의 정신을 따라 생각을 지키는 것보다 더 쉽거나 강한 작업은 없다. 위인들에게 '산다는 것'은 곧 '생각한다'는 것이기 때문에 그들은 이것을 자기 업으로 삼는다.

게다가 자신에 대한 묵상보다 오랫동안 전념할 수 있는 일은 없는데 이것은 자연이 준 특혜다. 일상적으로 더 쉽게 할 수 있는 일들도 그토록 오래 하지는 못한다.

아리스토텔레스는 "명상이란 신들이 하는 일이며 우리가 명상을 통해 지복을 누리듯 신들은 명상으로 천복을 누린다."라고 말했다.

49

분노가 나를 사로잡고
장악하게 하지 않는다

나는 분노가 치밀어 오를 때 최대한 격하게, 그러나 할 수 있는 한 간결하고 은밀하게 표출한다. 초조하고 난폭해지는 것은 어쩔 도리가 없지만 그렇다고 잡히는 대로 던져버리거나 정신을 잃고 온갖 모욕적인 언사를 쏟아낼 정도까지 동요하지는 않는다. 그렇지만 가장 취약한 곳에 비수를 꽂는 말을 하고야 만다. 오로지 언어만 사용해서 말이다.

내 하인들은 심각한 잘못을 저질렀을 때보다 사소한 잘못을 했을 때 오히려 더 상처받는다. 작은 실수는 기습적으로 일어나고 누가 화를 돋우었는지와 무관하게 벼랑 끝으로 내몰림과 동시에 기어이 밑바닥까지 떨어진다. 추락하기 시작하면 점점 가속도가 붙기 때문이다. 반면 심각한 잘못일 경우 다행인 점은 화낼 만한 충분한 근거가 있기 때문에 내가 정당하게 분노할 것을 모두가 기다린다는 것이다.

그래서 나는 그들의 기대를 저버리고 마음을 단단히 먹어 분노에 저항할 준비를 한다. 그렇지 않으면 분노가 나에게 심각한 타격을 주어 아주 멀리까지 날려 보낼 수 있기 때문이다. 나는 이런 태도를 자랑스럽게 여긴다. 나는 충분히 강인하기에 나를 지키는 것이 어렵지 않다. 때문에 그런 상황이 오더라도 동기의 난폭함에 관계없이 나는 격정적인 충동을 억누를 수 있다. 그러나 반대로 분노가 나를 사로잡고 장악하는 순간부터는 그 동기가 얼마나 사소한가와 관계없이 격분한다. 나와 더불어 설전을 벌일 수 있는 사람들과 이 논쟁을 시작한다.

"내가 흥분한 것을 처음 발견한 사람이 당신이라면, 내가 옳든 그르든 그대로 두십시오. 그렇다면 나도 당신에게 그렇게 해주겠소."

폭풍은 각기 다른 시점에 생겨난 분노들이 서로를 자극하며 각축을 벌일 때만 발생한다. 각각의 분노가 제 갈 길을 가도록 둔다면 항상 평화로울 것이다. 이것은 참으로 유용하지만 적용하기 힘든 법칙이다.

간혹 집안의 질서를 유지하기 위해 진심으로 화가 나지 않았음에도 성난 체할 때가 있다. 세월에 따라 내 성격이 더 거칠어지지만 나는 이것을 거스르기 위해 노력한다. 그리고 할 수 있다면 이제부터는 신경질적이고 까다로운 사람이 되지 않도록 노력할 것이다. 충분히 그럴만하더라도 말이다. 지금까지도 가장 덜 신경질적이고 덜 까다로운 사람 중에 하나이긴 했다.

50

내 격정을 숨기기보다는
내 감정들을 느낀다

　분노를 제어하기 위해서는 화를 강하게 억눌러야 한다. 나의 경우에도 내가 감추고 저항하는 데 가장 힘써야 하는 감정이 바로 분노다.

　나는 지혜를 그렇게 높이 평가하고 싶지 않다. 지혜는 더 심한 일을 하지 않기 위해 우리가 무엇을 하는지 혹은 어떤 대가를 치러야 하는지는 생각하지 않기 때문이다.

　나에게 어떤 사람이 자기 행실의 중용과 온화함을 자랑했는데 보아하니 과연 자신의 말대로 그는 아주 대단했다. 그래서 나는 그에게 당신과 같이 출중하고 모든 이의 시선을 받는 사람들은 그렇게 평정심을 유지하는 것이 좋다고 이야기해주었다.

　그러나 그보다 중요한 것은 그가 내면에서부터 자기 자신을 위해 그렇게 처신하고 있는가이며, 정작 그 처신으로 내면이 괴로워진다면 이는 옳지 않다고도 말해주었다. 그가 절제된 외형의 가면을 유지하기 위해서 번민하고 있지는 않은지 염려되었기 때문이다.

　우리는 분노를 감춤으로써 그것을 더 키운다. 선술집에서 눈에 띌까 두려워 구석에 숨었던 데모스테네스Demosthenes에게 디오게네스Diogenes가 말했듯이 "뒷걸음질칠수록 더 앞장설 뿐이다."

　안 좋은 일이 있을 때는 지혜로운 태도를 표방하고자 심연의 저의를 억누르는 것보다 하인의 따귀를 갈기는 편이 낫다. 그리고 나를 희생시켜가며 내 격정을 숨기기보다는 내 감정들을 느껴보는 게 좋다. 바람을 쐬고 감정을 밖으로 드러내면 감정은 완화된다. 감정의 날카로운 끝이 우리를 향해 굽어 있기보다는 외부를 향해 있는 것이 낫다.

"드러나는 결함은 차라리 덜 심각하다. 정말 위험한 결함은
건강한 기색을 하고 숨어 있다."

감정을 밖으로 드러내면

감정은 완화된다.

51

일상의 불행들은
결코 하찮지 않다

고민들은 나를 짓누르거나 상하게 한다. 또한 삶은 연약하며 흔들리기 쉽다. 나는 고민에 집중하기 시작한 후에 어떤 하찮은 이유에서건 자극을 받으면 기분이 한쪽으로 쏠린다. 그 다음에는 감정이 저절로 강화되고 격해져서 일들이 멋대로 엎치고 덮쳐 스스로 계속 커진다.

"낙숫물이 댓돌을 뚫는다."

이 평범한 낙수가 나를 갉아먹고 잡아먹는다. 일상의 불행들은 결코 하찮지 않다. 특히 끊임없이 함께해야 하는 집안사람들로 인한 불행은 더욱 지속적이고 돌이킬 수 없다.

52

시시각각 기분에 따라
흔들리며 살지 않는다

평소에 우리는 욕망의 변화에 따라 상하좌우로 상황의 바람이 부는 대로 끌려간다. 무언가를 원하는 순간까지는 무엇을 원하는지 생각하지 않다가, 그 순간이 닥치면 환경에 따라 색깔을 바꾸는 어느 동물처럼 별안간 마음을 바꾼다. 방금 제안했던 일에 대해 우리는 금세 마음을 바꾸고, 이내 또 변해서 원래의 위치로 되돌아온다. 이렇게 우리의 욕망은 자주 흔들리며 일관성이 없다.

"우리는 다른 이의 힘을 빌어 움직이는 꼭두각시 같다."

우리는 스스로 나아가지 않는다. 잔잔하거나 물결치는 물 위를 때로는 부드럽게, 때로는 격렬하게 떠다니는 물체처럼 여기저기 이끌려간다.

"모든 사람이 자신이 무엇을 원하는지 모른 채 그렇게 하면 자기의 짐을 덜어버릴 수 있다는 듯이 쉼 없이 모색하고 끊임 없이 움직이는 것이 보이지 않는가?"

우리는 매일 새로운 생각을 하고 시시각각 기분도 달라진다.

"인간의 마음은 목성이 지구에 보내는 빛만큼이나 자주 변한다."

우리는 수많은 생각 사이로 떠다니지만 그 중 어느 것도 확실하게 자유롭지 않고, 그것들을 지속적으로 바라지도 않는다. 하지만 머릿속에 명확한 조직과 규범을 확립하고 적용할 수 있는 사람은 원칙과 현실 간의 적절한 질서와 관계를 유지할 줄 알기 때문에 언제 어디서나 일관성 있게 처신할 것이다.

53

나에 대해 이야기할 때는
정직하게 드러낸다

내가 묘사하는 것은 나의 행위들이 아니라 나 자체이며 나의 본질이다. 자신에 대해 판단할 때는 신중해야 하며, 자신에 대해 이야기할 때는 좋은 면이든 나쁜 면이든 일률적으로 정직하게 드러내야 한다고 생각한다.

내가 스스로 정말 훌륭하고 현명하다고 느낀다면 나는 그것을 목청껏 외칠 것이다. 자기 자신을 실제보다 낮추어 말하는 것은 겸손이 아니라 어리석음이다. 아리스토텔레스는 자신을 과소평가하는 것은 소심하고 비겁한 짓이라고 말했다.

어떤 장점도 거짓말로는 높은 평가를 받을 수 없으며 진리는 절대 허위의 토양이 될 수 없다. 자신에 대해 필요 이상으로 이야기하는 것이 항상 오만한 것은 아니지만 어리석은 짓이다. 지나친 자기만족과 자기애는 오만함이라는 악의 실체라고 생각한다.

오만은 사유에 깃든다. 여기에서 언어는 미미한 역할밖에 하지 못한다. 그들에게 있어 자신을 돌본다는 것은 자신에게 만족하는 것과 같다. 자기 자신과 교제하고 관계를 맺는 것은 자신에 대한 지나친 사랑이다. 그러나 이 과잉은 자신을 피상적으로만 보는 사람들, 무언가 성취한 뒤에 자신을 평가하는 사람들, 공상과 무위가 자신을 돌보는 일이라 말하는 사람들, 인격을 형성하고 재능을 개발하는 것을 '공중누각空中樓閣'을 쌓는 일이라 말하는 사람들에게나 해당된다. 그들은 외부적이고 상관없는 것도 자기 것으로 착각하기 때문이다.

자기 발밑만 쳐다보고 자신에 대해 우쭐하는 사람이 있다면, 눈을 들어 위를 보고 고개를 돌려 과거를 보아야 한다. 그러면 자신을 짓밟아버릴 수 있는 수천 명의 사람들을 발견하고 쳐든 뿔을 내리게 될 것이다. 그럼에도 꿋꿋하게 으스대며 자만심을 갖는다면 수많은 군대와 수많은 사람들을 이끌었던 스키피오와 에파미논다스Epaminondas의 생애보다 자신이 얼마나 뒤처졌는지를 유념해야 한다. 자신에게 속한 수많은 불완전하고 연약한 면들을 인지하고 인간의 허망함을 깨달은 사람은 아무리 특별한 장점을 가지고 있어도 거드름을 피우지 않는다.

오직 소크라테스만이 "자신을 알라."라는 신의 가르침을 진정으로 체화體化하고, 이 깨달음을 통해 스스로를 업신여기기에 이르렀다. 따라서 현인이라 칭송받을 자격이 있는 사람은 소크라테스뿐이다. 이렇게 자기 자신을 아는 사람은 자신에 대해 대담하게 큰 목소리로 말할 수 있다.

각각의 분노가 제 갈 길을 가도록 둔다면

항상 평화로울 것이다.

5장

지식을
얻되
나의 것으로
만들라

54

잘 살고 잘 죽기 위해
공부한다

우리는 많은 실수들을 놓친다. 그러나 타인이 그것을 들추어 냈을 때도 깨닫지 못하는 것은 판단의 결함이다. 학문과 진리는 우리의 판단 없이도 존재할 수 있으며 판단도 학문과 진리 없이 존재할 수 있다. 자신의 무지를 인지한다는 것은 가장 아름답고 확실한 판단의 증거다.

사물에 대해 더 잘 이해하고 싶지만 이에 대해 대가를 치르고 싶지는 않다. 내 소망은 남은 생애를 고생 없이 평온하게 보내는 것이다.

제아무리 중요한 학문도 예외는 아니다. 독서도 순전히 심심풀이로써 책 속에서 즐거움을 찾을 목적으로 하는 것뿐이다. 내가 공부를 한다면 그것은 오로지 스스로를 더 잘 알기 위한 일이며, 잘 살고 잘 죽는 법을 배우기 위함이다.

55

더 많이 아는 게 아니라
더 잘 알아야 한다

우리는 걸핏하면 "그가 그리스어를 아는가, 라틴어를 아는가? 시를 쓰는가, 산문을 쓰는가?"라는 질문을 한다. 가장 중요한 것은 그가 진보하고 신중해졌는지에 대한 여부임에도 정작 그 질문은 할 생각도 않는다. 누가 더 많이 아는지가 아니라 누가 더 잘 아는지를 따져야 한다.

우리는 머리를 채우기 위해서만 노력하고 이해나 의식은 비워둔다. 마치 새들이 새끼를 먹이고자 곡식 낱알을 찾아서 먹어보지도 않고 물어오듯, 학자들은 책에서 주워 담은 학문을 그저 쏟아내려는 목적으로 혀끝에서 떠들어대며 공중에 날려버린다.

나만 해도 이런 어리석음을 얼마나 잘 저지르는지 놀라울 따름이다. 나 또한 이 글을 쓰면서 거의 내내 똑같은 짓을 하고 있지 않은가? 이 책 저 책에서 마음에 드는 문장들을 골라 모으는데, 소장하기 위함이 아니라 그저 여기에 옮겨놓기 위함이다. 솔직히 말해 그 문장들은 애초에 쓴 이의 문장들이지 내 것이 아니다.

학문은 오로지 과시의 대상이 되거나 사람들과 좋은 관계를 유지하기 위한 얘깃거리가 되며 손에서 손으로 전해질 뿐이다. 마치 세고 버리는 것 외에는 어디에도 쓸데가 없는 가짜 동전과 같다.

누가 더 많이 아는지가 아니라
누가 더 잘 아는지를 따져야 한다.

56

남의 의견과 학식을
무심코 받아들이지 않는다

무엇을 아느냐고 물었을 때 나에게 책을 들이미는 사람이 있다. 그는 사전에서 둔부의 의미와 옴의 의미를 찾지 않고서는 둔부에 옴이 있다고 말하지도 못한다.

우리는 다른 이의 의견과 학식을 무심코 받아들인다. 그러나 중요한 것은 그 지식을 우리의 것으로 만드는 것이다. 그렇지 않으면 마치 이웃집에 불을 빌리러 갔다가 그곳에 머물며 뜨거운 불에 몸을 데운 뒤, 정작 불을 집으로 가져오는 것을 잊어버리는 사람과 같다. 배에 고기가 그득한들 소화를 안 시키면 무슨 소용이겠는가? 그래서 고기가 우리의 뼈와 살이 되지 못한다면? 우리를 살찌우고 기력을 주지 못한다면? 우리처럼 했더라면 경험도 없던 루클루스 Luclus 가 지식만으로 그렇게 위대한 지휘관이 될 수 있었으리라 생각하는가?

우리는 이렇게 다른 이에게 기대어 가는 데 모든 힘을 소진한다. 나 역시 죽음의 공포를 극복하면서까지 나 자신을 사랑하기 원할 때는 세네카의 말을 참고한다. 내가 나 자신이나 타인을 위로하기 원할 때는 키케로의 말을 빌린다. 내가 스스로할 줄 알았더라면 내 말을 직접 사용했을 것이다. 이렇게 상대적이고 구걸해서 얻는 식견은 조금도 반갑지 않다.

57

철인들의 가르침이 아닌
정신을 흡수해야 한다

학생이 권위나 신뢰를 전부 배제하고 모든 것을 의심의 체로 걸러본다면 아리스토텔레스의 원칙들이 더이상 그의 원칙들이 아니게 될 것이요, 에피쿠로스나 스토아학파의 원칙들도 그 자신의 원칙들이 아니게 될 것이다. 이런 견해의 다양성을 제시했을 때 학생에게 충분한 역량이 있다면 스스로 원칙을 선택할 것이고, 아니라면 "의심하는 것도 아는 것만큼이나 괜찮군요."라며 안주할 수도 있다.

전자를 선택한 학생이 자신의 이성으로 크세노폰Xenophon이나 플라톤의 의견을 포용하면 그것은 더이상 그들의 것이 아니라 그 학생의 것이 된다. 다른 사람을 맹목적으로 좇는 자는 아무도 좇지 않는 자이며, 그는 결국 아무것도 찾지 못하고 그 무엇도 알아내지 못한다.

최소한 그 자신이 아는 것이 무엇인지는 알게 해야 한다. 또한 크세노폰과 플라톤의 가르침을 배울 것이 아니라 그들의 정신을 흡수해야 한다. 원한다면 그것을 어디에서 얻었는지는 과감히 잊어버려도 무방하지만 가르침은 제대로 이해해야 한다. 진리와 이성은 모두에게 공평하다. 고로 처음으로 말했다고 해서 나중에 말한 사람보다 진리와 이성에 대한 소유권을 더 갖지는 않는다. 플라톤과 내가 동일하게 보고 이해했다면 그것은 플라톤의 진리와 이성인 동시에 나의 진리와 이성이기도 하다.

꿀벌들은 꽃밭에서 이리저리 날아다니다가 결국에는 온전히 자신만의 꿀을 만들어낸다. 이 꿀은 더이상 다른 데서 빌려온 백리향의 것도, 꽃박하(오레가노-역자)의 것도 아니다.

이렇게 학생은 다른 데서 얻은 지식들을 혼합하고 변형시켜 완진한 자신의 작품, 즉 자신의 견해를 만들어내야 한다. 학생

이 공부하고 일하고 실습하는 모든 이유는 결국 이 견해를 형
성하기 위한 것이다.

58

세상은 나를 알기 위해
들여다봐야 하는 거울이다

사람의 판단력은 세상과 소통하면서 놀랍게 계발된다. 하지만 우리는 모두 자신에게 속박되고 짓눌려 있어 바로 코앞의 일밖에 보지 못한다. 그런데 소크라테스는 달랐다. 소크라테스에게 그의 출신을 물었더니 그는 "아테네요."라고 하지 않고 "세계요."라고 답했다. 발밑밖에 보지 못하는 우리와 달리 소크라테스는 훨씬 풍부하고 광대한 상상력을 갖고 있어 모든 인간에 대한 지식과 친분, 감정을 버리고 세계를 자기 집으로 삼았다.

과거 우리 마을에서는 포도밭에 서리가 내리면 이것이 신이 인류에게 진노했다는 증거이며, 식인종들이 이미 갈증을 느끼기 시작했다고 말하는 신부님이 있었다. 이런 논리라면 내란으로 나라가 뒤집어진 순간 심판의 날이 우리를 사로잡았노라고 소리치지 않을 사람이 누가 있겠는가? 더 심한 일도 무수히 있었으며 그와 동시에 지구의 수많은 지역에서는 이와 상관없이 좋은 시절을 누리고 있다는 사실은 생각도 못한 채 말이다. 방종하고도 처벌 받지 않는 전쟁이 그렇게 부드럽고 온화하게 지나간다는 사실이 놀라울 따름이다.

우리는 모두 부지불식간에 엄청난 결과와 피해를 가져오는 오류에 빠져 있다. 그러나 위엄 가득한 대자연의 이미지를 표현하고, 다양함 속에서도 변함없는 자연의 얼굴을 읽어내며, 그 안에서 자신을 발견할 뿐만 아니라 아주 미세하고 섬세한 점으로 표시된 왕국 전체를 발견하는 자라면 모든 것을 본연의 크기대로 판단할 수 있다. 하나하나가 유有에 속하는 종種으로 증식하는 이 큰 세상은 바로 우리를 바르게 알기 위해 들여다봐야 하는 거울이다.

요컨대 나의 제자들이 거울을 책 삼아서 봤으면 좋겠다. 다양한 기질, 종파, 판단, 견해, 규율과 관습들은 우리에게 판단하는 방법을 가르쳐준다. 그리고 우리의 판단이 불완전하며 본질적인 허점을 지니고 있다는 것을 알게 한다. 이것은 결코 하찮은 가르침이 아니다.

꿀벌들은 꽃밭에서 이리저리 날아다니다가

결국에는 온전히 자신만의 꿀을 만들어낸다.

59

불가능이라 단정 짓는 행동은
경솔한 추측이다

우리 이성으로 이해할 수 없는 생물이나 현상을 괴물이나 기적이라 부른다면 우리 눈앞에 지속적으로 나타나는 괴물과 기적은 얼마나 많은가? 지금 우리가 아는 지식을 얻기까지 안개 속에서 얼마나 암중모색했는지 떠올려보면 우리가 가진 것들이 낯설게 느껴지지 않는 이유는 지식이 아니라 바로 습관 덕분이라는 사실을 깨달을 것이다.

"하도 질리도록 많이 봐서 이제는 누구도 눈을 들어 찬란한 하늘을 올려다보지 않는다."

우리가 이미 아는 것들도 만일 지금 처음으로 우리 앞에 나타났다면 그 무엇보다 놀랍게 여기리라.

"이것들이 사람들 앞에 처음으로 등장하고, 우리 눈앞에 별

안간 나타난다면, 우리는 그토록 불가사의하고 기상천외한 것을 본 적이 없다고 할 것이다."

강을 한 번도 본 적이 없는 사람이 처음으로 강을 보면 그것이 대해大海인 줄 안다. 그리고 자신이 아는 만큼이 자연이 만들어낼 수 있는 최대의 규모라고 생각한다.

"아주 크지 않은 강일지라도 더 큰 강을 본 적 없는 이에게는 거대해 보이게 마련이다. 나무나 사람도 마찬가지이며, 모든 것에 있어 우리는 자신이 본 가장 큰 것을 막대하다고 여긴다."

"눈에 익으면 정신에도 익숙해지기 때문에 우리는 끊임없이 보는 것에 대해서는 더이상 놀라지도 않고 궁금해하지도 않는다."

우리는 큰 것보다는 새로운 것에 더 흥미를 느낀다. 자연의 무한한 능력에 대해 더욱 경외감을 갖는 동시에 우리의 무지함과 약함을 인정해야 한다. 신의 있는 사람이 증언했음에도 우리가 그 존재를 믿지 못해 미결로 남겨둔 것이 얼마나 많은가! 불가능이라 단정짓는 행동은 경솔한 추측이다. 이런 아는 체는 가능성의 무한함을 제한해버리는 행위다.

60

진리를 말할 때는
단순하게 말해야 한다

나는 좋은 문장을 내 글에 적절히 잘 끼워 맞추기는 하지만 그 문장을 사용하고자 글의 방향을 틀어버리지는 않는다. 말이 사람의 생각을 따르고 받들어야 하며, 프랑스어로 표현을 못할 경우에는 가스코뉴 방언으로라도 해야 한다.

또한 어떤 단어가 쓰였는지는 기억나지 않을 만큼 말의 요지가 가장 주목받고 청자의 기억에 충만히 남기를 바란다. 글로 쓰든 입으로 말하든, 내가 좋아하는 화법은 단순하고 꾸밈없는, 맛깔나고 활력 있는, 간결하고 정밀한, 격렬하거나 거칠지 않고 섬세하게 잘 다듬어진 화법이다. 귀에 꽂히는 표현이 가장 좋은 표현이다.

나는 천에 솔기나 재봉선이 보이는 것을 좋아하지 않는다. 육체가 건강하다면 뼈나 혈관이 그대로 드러나지 않듯이 말이다. 진리를 말할 때는 단순하고 기교 없이 말해야 한다. 옷을 입을 때 특이하고 별난 복장으로 눈에 띄고 싶어 하는 것이 소심하기 때문이듯, 언어를 사용할 때 새로운 문장과 생소한 단어를 고집하는 이유는 학자인 체하고 싶어하는 유치한 욕심 때문이다.

나는 파리 시장통에서 실제로 쓰는 말만 쓰기를 바란다. 언어의 명확성을 지향하는 에피쿠로스의 화법을 두고 말이 너무 간결하다며 문법학자 아리스토파네스Aristophanes가 비난한 것은 그가 아무것도 모르고 한 소리다.

말을 흉내 내는 것은 쉽기 때문에 누구든 금세 따라할 수 있다. 그러나 판단력이나 창의력은 쉽게 모방할 수 없다. 대부분의 사람들은 같은 옷을 입으면 육체도 같아진다고 착각한다.

그러나 장신구나 외투라면 모를까, 근육과 신경은 모방할 수
있는 것이 아니다.

61

내 삶의 여정에서 찾은
최고의 필수품은 책이다

평화로운 시절에든 전쟁중에든, 나는 절대 책 없이 여행을
떠나지 않는다. 그러나 그 책을 읽지 않은 채로 몇 날 혹은 몇
달을 지낼 수는 있다. '잠시 후든 내일이든, 읽고 싶을 때 읽어
야지.'라고 생각한다. 시간은 나를 해치지 않고 그저 흘러간다.
책이 내 곁에 있어 내가 원할 때 즐거움을 줄 것이라는 상상만
으로도 내가 얼마나 평온해지는지 또 얼마나 큰 위안을 받는지
말로 표현할 길이 없을 정도다.

삶의 여정에서 내가 찾은 최고의 필수품이 바로 책인데, 이
것을 양식 있는 사람들에게 말로 전해주려니 안타깝다. 그러나
다른 종류의 오락도 나로 하여금 실수하게 하지만 않는다면 그
것이 얼마나 가볍든 기쁘게 받아들인다.

집에 있을 때 나는 주로 서재에 있으며 이곳에서 집안일을

돌본다. 서재 입구에 서면 정원, 마구간, 안뜰을 비롯한 집의 대부분을 내다볼 수 있다. 그곳에서 나는 특별한 순서나 목적 없이 아무렇게나 책이나 다른 것을 대충 훑어본다. 공상에 빠질 때도 있고 글을 끄적일 때도 있고 공상 중에 보이는 것을 받아 적기도 한다.

나의 서재는 탑의 4층에 위치해 있다. 2층에는 예배당이 있고 3층에는 침실과 부속실들이 있는데 나는 혼자 있고 싶을 때 여기에서 잔다. 그 위에는 옷방이 있다. 한때 우리 집에서 가장 쓸모없는 공간이었는데 지금은 내가 대부분의 날과 대부분의 시간을 보내는 장소가 되었다.

진리를 말할 때는
단순하고 기교 없이 말해야 한다.

62

논쟁에서는 솔직한 의도를
견지해야 한다

오늘날 논쟁에서의 합의는 대부분 수치스럽고 기만적이다. 외양에만 치중하느라 진짜 의도를 왜곡하고 부정하기 때문이다. 우리는 사실을 호도한다.

우리가 어떤 의미를 갖고 어떻게 말했는지 자신이 알고 그곳에 있던 사람들이 알며 내 편으로 만들고 싶었던 동료들도 안다. 합의하기에 급급해 우리는 정직함과 용기의 명예를 잃어가면서까지 우리 생각을 부정하고 거짓으로 동의한다. 게다가 다른 이에게 한 거짓말을 만회하기 위해 자기 자신을 부인한다.

그대의 말과 행동이 달리 해석될 여지가 있는지 살펴볼 일이 아니라 어떤 대가를 치르더라도 솔직하고 진실한 의도를 견지해야 한다. 그대의 덕성과 양심에 관한 일이므로 가면을 씌워서는 안 된다.

나는 때론 혼자이고 싶다

혼자 있는 시간이 가르쳐주는 것들

허균 지음 | 정영훈 엮음 | 박승원 옮김 | 값 14,000원

허균의 『한정록』을 현대적 감각에 맞게 재편집한, 혼자 있는 시간의 즐거움을 알려주는 책이다. 이 책을 읽으며 '나 자신'을 돌아보고 성장할 수 있는 시간을 가져보자. 수많은 이야기를 통해 혼자 보내는 시간이 얼마나 뜻깊고 즐거운지 느낄 수 있을 것이다. 혼자 보내는 시간의 즐거움이란 단지 사람들과 외따로 살아가는 즐거움이 아니라 온전한 나로 깨어 있는 삶의 즐거움임을 이 책을 통해 깨닫기를 바란다.

자기 자신을 있는 그대로 받아들이는 힘

지금 있는 그대로의 너여도 괜찮아

정은임 지음 | 값 15,000원

현대 사회는 빠르게 변화한다. 이 속도에 발맞춰 바쁘게 살다보면 자신의 감정과 마음을 놓치기 쉽다. 빠른 속도 속에서 여유를 갖고 마음을 되돌아보기 힘들기 때문이다. 이러한 환경 속에서 자신이 괜찮지 않다고 느끼는 것은 지극히 자연스럽다. 이 책에서 저자는 친절한 방식으로 자신의 마음을 다스리는 방법을 알려준다. 또한 삶의 변화를 바라는 사람들에게 변화를 위한 단계적인 방법을 친절하고 자세하게 알려준다.

관계의 99퍼센트는 성격이다

성격도 수리가 됩니다

헨리 켈러만 지음 | 마도경 옮김 | 값 16,000원

감정을 억제하거나, 심하게 자신의 감정을 통제하거나, 감정 통제가 불가능하거나 의존적이거나 등 그 어떤 성격 유형이든 이 책에 나오는 모든 상황은 나 또는 내 주변 사람들이 겪고 있는 정신적인 문제다. 하지만 다행히 저명한 심리학자인 저자는 사람의 성격은 바꿀 수 있다고 말한다. 이 책을 통해 나에게 고착화된 '성격'은 어떤 것인지 파악과 동시에 주변 사람들을 이해하는 데 도움이 될 만한 많은 정보를 얻어보자.

먹는 것 때문에 힘든 사람들을 위한 8가지 제안

음식이 아니라 마음이 문제였습니다

캐롤린 코스틴·그웬 그랩 지음 | 오지영 옮김 | 값 16,000원

캐롤린 코스틴은 실제로 거식증을 앓아 '살기 위해' 심리학을 공부했으며, 이를 자신에게 직접 적용해 완치한 후 미국 최고의 섭식장애 전문가가 되었다. 이 책은 먹는 것으로부터의 회복과 자유를 갈구하는 사람들에게 진정 필요한 것이 무언인지 명쾌하게 알려준다. 먹는 것 때문에 고통을 겪는 사람들은 물론이고, 주변의 가족과 친구들도 이 책을 읽으며 한결 마음의 안정을 얻을 수 있을 것이다.

관계, 사랑, 운명을 바꾸는 감사의 힘

그저 감사했을 뿐인데

김경미 지음 | 값 15,000원

저자는 긍정심리학을 오래 연구한 학자로서 일상을 통한 감사함의 실천이 행복에 이르는 길이라는 이야기를 이 책에 담았다. 감사의 눈으로 자신과 세상을 바라보면 '가짜 행복'이 아닌 '진짜 행복'을 찾을 수 있으며, 행복은 멀리 있는 것이 아니라 우리 주변에 있다는 평범하지만 위대한 삶의 진리도 깨닫게 된다. 이 책을 통해 너무나도 잘 알고 있었던 '감사'의 효과를 실생활에서 누려보자.

주변에 사람이 모여드는 말 습관

이쁘게 말하는 당신이 좋다

임영주 지음 | 값 15,000원

말의 원래 모습을 잘 살려 따뜻한 삶을 살고 싶은, 이쁘게 잘 말하고 싶은 사람들을 위한 공감의 책이다. 특히 주변 사람들로부터 "말 좀 제발 이쁘게 하지?"라는 말을 한 번이라도 들어본 적 있다면 이 책을 꼭 읽을 것을 권한다. 한 번뿐인 소중한 인생, 우리 모두 '성질'과 '성격'대로 마구 말하는 것이 아니라 '인격'으로 다듬어 말하는 사람, 즉 이쁘게 말하는 사람이 되어보자. 말은 우리의 모든 것이기 때문이다.

관계의 99%는 감정을 알고 표현하는 것

나도 내 감정과 친해지고 싶다

황선미 지음 | 값 15,000원

상담학 박사인 저자는 감정에 대해 제대로 알고 친해지는 법을 소개한다. 이 책은 부정적 감정인 화·공허·부끄러움·불안·우울에 대해 이야기하며 부정적 감정 그 자체는 문제가 아님을, 핵심은 감정에 휩쓸리지 않고 감정을 잘 받아들이는 데 있음을 말한다. 이 책을 통해 자신의 감정을 제대로 알고, 제대로 표현하는 법을 익혀 적절하게 감정을 사용할 수 있을 뿐만 아니라 진정한 공감과 위로를 받을 수 있다.

삶의 근본을 다지는 인생 수업

해주고 싶은 말

세네카 외 5인 지음 | 강현규 엮음 | 값 14,000원

이 책은 인생, 행복, 화, 시련, 고난, 쾌락, 우정, 노년, 죽음 등 우리 인간의 삶에 대한 통찰을 담고 있다. 세네카의 『화 다스리기』 『인생론』 『행복론』, 아우렐리우스의 『명상록』, 에픽테토스의 『인생을 바라보는 지혜』, 키케로의 『노년에 대하여』 『우정에 대하여』, 톨스토이의 『어떻게 살 것인가』, 몽테뉴의 『수상록』 등 9권의 위대한 인문 고전에서 현대의 독자들을 위해 정수만을 뽑아내 재편집한 결과물이다.

■ 독자 여러분의 소중한 원고를 기다립니다

메이트북스는 독자 여러분의 소중한 원고를 기다리고 있습니다. 집필을 끝냈거나 집필중인 원고가 있으신 분은 khg0109@hanmail.net으로 원고의 간단한 기획의도와 개요, 연락처 등과 함께 보내주시면 최대한 빨리 검토한 후에 연락드리겠습니다. 머뭇거리지 마시고 언제라도 메이트북스의 문을 두드리시면 반갑게 맞이하겠습니다.

■ 메이트북스 SNS는 보물창고입니다

메이트북스 홈페이지 matebooks.co.kr

홈페이지에 회원가입을 하시면 신속한 도서정보 및
출간도서에는 없는 미공개 원고를 보실 수 있습니다.

메이트북스 유튜브 bit.ly/2qXrcUb

활발하게 업로드되는 저자의 인터뷰, 책 소개 동영상을 통해 책
에서는 접할 수 없었던 입체적인 정보들을 경험하실 수 있습니다.

메이트북스 블로그 blog.naver.com/1n1media

1분 전문가 칼럼, 화제의 책, 화제의 동영상 등 독자 여러분을 위
해 다양한 콘텐츠를 매일 올리고 있습니다.

메이트북스 네이버 포스트 post.naver.com/1n1media

도서 내용을 재구성해 만든 블로그형, 카드뉴스형 포스트를 통해
유익하고 통찰력 있는 정보들을 경험하실 수 있습니다.

STEP 1. 네이버 검색창 옆의 카메라 모양 아이콘을 누르세요.   STEP 2. 스마트렌즈를 통해 각 QR코드를 스캔하시면 됩니다.
STEP 3. 팝업창을 누르시면 메이트북스의 SNS가 나옵니다.

———————————— 님의 소중한 미래를 위해
이 책을 드립니다.